王萍 编著

抖音电商

▶ 从入门到精通 星图接单 ⊕ 卖课技巧
任务玩法 ⊕ 团购带货

U0275115

清華大学出版社
北京

内 容 简 介

怎么在星图接广告赚钱？怎么开发课程卖钱？普通人如何接全民任务？团购带货怎么提升销量？本书通过 4 大篇幅、12 章专题、160 多个技巧、400 多张图片，向读者介绍了巨量星图、抖音卖课、全民任务以及团购带货的基础知识和操作方法，可以帮助读者快速地找到适合自己的变现方法，从而获取高额收益。具体内容安排如下。

星图接单篇：主要介绍了入驻星图平台、承接任务、审核规范和创意定制相关内容。

卖课技巧篇：主要介绍了抖音课程从定位、制作、管理到营销的操作步骤和方法。

任务玩法篇：主要介绍了参与全新变现渠道和完成全民任务的操作方法和技巧。

团购带货篇：主要介绍了参与团购带货和赚取佣金的方法和技巧。

本书适合想深入了解抖音电商运营的，特别是想通过星图接单、制课卖课、玩转任务、团购带货的读者，也可以作为电商、新媒体等相关专业的教材或教辅用书。

本书封面贴有清华大学出版社防伪标签，无标签者不得销售。
版权所有，侵权必究。举报：010-62782989，beiqinquan@tup.tsinghua.edu.cn。

图书在版编目（CIP）数据

抖音电商从入门到精通：星图接单＋卖课技巧＋任务玩法＋团购带货 / 王萍编著 . — 北京：清华大学出版社，2022.5
ISBN 978-7-302-60548-5

Ⅰ . ①抖… Ⅱ . ①王… Ⅲ . ①网络营销 Ⅳ . ① F713.365.2

中国版本图书馆 CIP 数据核字（2022）第 062678 号

责任编辑：贾小红
封面设计：飞鸟互娱
版式设计：文森时代
责任校对：马军令
责任印制：丛怀宇

出版发行：清华大学出版社
  网　　　址：http://www.tup.com.cn，http://www.wqbook.com
  地　　　址：北京清华大学学研大厦 A 座　　　邮　　编：100084
  社 总 机：010-83470000　　　　　　　　　邮　　购：010-62786544
  投稿与读者服务：010-62776969，c-service@tup.tsinghua.edu.cn
  质量反馈：010-62772015，zhiliang@tup.tsinghua.edu.cn
印 装 者：河北华商印刷有限公司
经　　销：全国新华书店
开　　本：145mm×210mm　　　印　　张：9　　　字　　数：249 千字
版　　次：2022 年 7 月第 1 版　　　　　　印　　次：2022 年 7 月第 1 次印刷
定　　价：69.80 元

产品编号：096197-01

星图广告，即巨量星图，是所有抖音达人、MCN（multi-channel network，多频道网络）机构，以及品牌主和代理商等进行广告投放或者合作的平台。就好比大家要买东西，通过淘宝这个平台来完成一样，这是目前抖音电商变现主要的方式之一。

除了广告和卖货，另一种在抖音上能获取收益的方式就是卖课，如财务课、视频课、剪辑课、心理课等，你能想得到的课几乎无所不有。

而全民任务就像它的名字一样，是全民都可以参加的任务，如通过发布别人的视频或商品赚取推广佣金。有些用户刚开通的账号权重比较低，播放量很少，粉丝量也不多，也可以做全民任务的流量任务，得到免费的推广流量，同时也可以接现金任务，还有现金奖励，是一举两得的事情。

团购带货是抖音 2021 年 7 月 8 日新增的入口，用户可通过该入口申请成为团购带货达人，为参与本地生活团购的商家带货获得分佣，团购达人除了可以得到现金返佣奖励外，抖音官方社群还会提供专业教程和案例制作帮助，优秀达人将获得流量扶持和商单撮合帮助，以及官方 S 级（流量最大）活动优先参与权。

以上四种方式都是抖音电商变现极为重要的方式，从全民到达人，从个人到机构，从无货到有货，都可以参与获益，本书将对这四个重要的电商变现方式进行全面的讲解。

没有运营经验或对抖音电商不怎么了解的读者也不要担心，本书对每个变现渠道的参与方法、完成任务的操作步骤、提高收益的技巧以及提现方法都进行了详细介绍，并配有 400 多张图片进行操作讲解。

需要特别提醒的是，在编写本书时，笔者是基于当前各平台和软件截取的实际操作图片，但一本书从编写到出版需要一段时间，在这段时间里，软件界面与功能会有调整与变化，如有的内容删除了，有的内容增加了，这是软件开发商做的更新，请在阅读本书时，根据书中的思路，举一反三，进行学习。

本书由王萍编著，参与编写的人员还有李玲，在此表示感谢。由于作者知识水平有限，书中难免有不足之处，恳请广大读者批评、指正。

编 者

2022 年 5 月

CONTENTS _____ 目录

01 星图接单篇

02 卖课技巧篇

永州农村

03 任务玩法篇

第9章 参与：全新变现渠道 196

04 团购带货篇

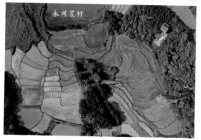

01 星图接单篇

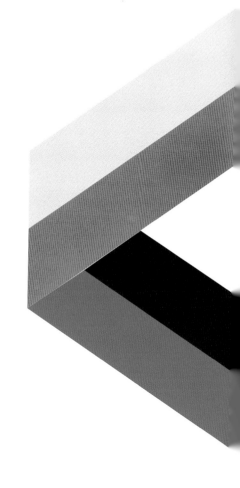

第1章
入驻：
进行内容交易

巨量星图为达人和品牌方提供了一个内容交易的平台，品牌方可以通过发布任务达到营销的目的，达人则可以通过接任务成功实现变现。本章介绍巨量星图平台的基本信息、入驻技巧、入门操作、收益的查看和提现以及平台对公的结算规则。

1.1 巨量星图：内容营销平台

虽然内容营销需求的不断扩大，推动了越来越多的品牌、达人和机构通过巨量星图平台进行合作，但是还有很多人不了解这个平台，所以本节将介绍巨量星图平台的定义和作用以及成为星图可接单达人的条件。

1.1.1 平台定义：提供合作渠道

巨量星图是巨量引擎推出的内容营销平台，它为品牌方和达人之间提供了一个沟通与合作的渠道，品牌方可以在平台上发布任务或寻找指定的达人进行合作，达人则可以在平台上参与星图任务或承接品牌方的任务。

1.1.2 主要作用：帮助三方获利

巨量星图平台为品牌方提供了更精准的寻找合作达人的途径；为达人提供了稳定变现的渠道；为抖音、今日头条、西瓜视频等传播平台提供了富有新意的广告内容，在品牌方、达人和各个传播平台之间都发挥了一定的作用。

1. 品牌方

品牌方在巨量星图平台中可以通过一系列榜单更快地找到符合营销目标的达人。此外，平台提供的组件功能、数据分析、审核制度和交易保障在帮助品牌方降低营销成本的同时，也获得了更好的营销效果。

2. 达人

达人可以在巨量星图平台获得更多的优质商单机会，从而获取更多变现的收益。此外，达人还可以签约 MCN（Multi-Channel Network，多频道网络）机构，获得专业化的管理和规划服务。

3．传播平台

对于抖音、今日头条、西瓜视频等各大传播平台来说，巨量星图可以提升平台的商业价值，规范和优化广告内容，避免低质量的广告影响用户的观感，从而降低用户黏性。

1.1.3 如何接单：申请开通任务

达人如果满足巨量星图平台的入驻要求，就可以自行入驻平台。入驻成功后，达人可根据要求申请开通任务，开通任务成功后就可以开始接单，按要求完成任务即可获得收益。入驻平台和开通任务的要求和操作方法会在 1.2 节中进行详细介绍。

1.2 入驻技巧：了解相关要求

用户如果想入驻巨量星图平台，首先要了解相关要求，符合要求后即可申请入驻。巨量星图平台支持个人、企业和明星以达人的身份入驻，入驻成功的抖音达人还可以和 MCN 签约，由机构管理任务和接单。本节介绍个人达人、企业达人和明星入驻平台开通任务的要求与流程，以及抖音达人签约或解约 MCN 的操作方法，帮助读者快速入驻星图平台，踏上赚钱之路。

1.2.1 个人账号：支持多个平台

巨量星图目前支持抖音、今日头条、西瓜视频、抖音火山版 4 个平台的达人入驻，对于不同平台的达人有不同的入驻要求，可以申请开通的任务也不同。下面介绍不同平台的达人入驻和开通任务的要求和操作方法。

1．入驻和开通任务的要求

达人可以根据账号所在的平台查看入驻和开通任务的要求，满足要求后即可根据提示进行相应操作。

1）抖音媒体端

抖音达人入驻巨量星图平台只需要满足以下任意一个要求即可。

❖ 抖音账号在抖音平台的粉丝量大于或等于 1000 且已开通直播购物车权限。

❖ 抖音账号在抖音平台的粉丝量大于或等于 1 万且内容调性健康合法。

抖音媒体端的达人有 4 种任务可以完成，入驻成功后，达人可以根据自身情况申请开通相应任务，不同任务的开通要求如表 1-1 所示。

表 1-1　抖音媒体端不同任务的开通要求

巨量星图任务类型	开 通 要 求
抖音传播任务	抖音账号在抖音平台的粉丝量大于或等于 10 万，且内容调性健康合法
抖音短视频投稿任务	抖音账号在抖音平台的粉丝量大于或等于 1 万，且内容调性健康合法
直播品牌推广任务	• 抖音账号在抖音平台的粉丝量大于或等于 30 万 • 申请开通任务前 30 日，每场直播平均看播用户数 2000 以上 • 内容调性健康合法
直播电商带货任务	• 抖音账号在抖音平台的粉丝量大于或等于 1000 • 已开通电商直播权限 • 内容调性健康合法

2）今日头条端

达人可以自行入驻，入驻时需要同时满足以下要求。

❖ 粉丝数（今日头条＋西瓜视频粉丝总数）大于 1 万。

❖ 今日头条号信用分为 100 分。

❖ 账号主体不属于国家机构、新闻媒体和其他组织。

❖ 发文领域不属于彩票、社会时政、台海、法律。

❖ 健康领域作者必须有黄 V 认证和健康资质，财经领域作者必须有财经资质。

今日头条端不同任务的开通要求如表 1-2 所示。

表 1-2　今日头条端不同任务的开通要求

巨量星图任务类型	开 通 要 求
头条撰稿与头条直发文章任务	满足入驻条件，且内容调性健康合法
微头条撰稿任务	满足入驻条件，且内容调性健康合法
问答撰稿任务	满足入驻条件，且内容调性健康合法
头条西瓜直播任务	• 满足入驻条件 • 自申请开通任务的前 30 日内，平均每场直播观看用户数 500 以上 • 内容调性健康合法

3）西瓜视频端

达人可以自行入驻，只要是可以正常使用的西瓜视频账号就可以入驻。西瓜视频端不同任务的开通要求如表 1-3 所示。

表 1-3　西瓜视频端不同任务的开通要求

巨量星图任务类型	开 通 要 求
西瓜中视频传播任务	• 所绑定西瓜视频的账号在今日头条＋西瓜视频的粉丝量大于等于 1 万，且内容调性健康合法 • 西瓜视频账号拥有原创权限 • 在申请开通任务时，最近 20 条由西瓜视频账号发布的视频的平均播放量大于或等于 1000
西瓜中视频投稿任务	所绑定的西瓜视频账号可正常使用，且内容调性健康合法
头条西瓜直播任务	• 满足入驻条件，且内容调性健康合法 • 粉丝量大于 1 万 • 30 天平均看播用户数大于 500

4）抖音火山版端

抖音火山账号在抖音火山平台的粉丝数量大于或等于 5 万，即可入驻巨量星图平台。满足入驻条件且内容调性健康合法的抖音火山账号入驻后就可以开通任务，但是内测阶段仅面向优质垂类达人开放。

2．入驻和开通任务的操作方法

如果达人的账号满足入驻要求，就可以自行入驻巨量星图平台，并可以开通相应任务，通过完成任务进行变现。下面介绍入驻和开通任务的操作方法。

Step 01 进入巨量星图首页，单击"达人 / 创作者"按钮，如图 1-1 所示。

图 1-1　单击"达人 / 创作者"按钮

Step 02 执行操作后，进入"选择您的媒体平台"页面，达人或创作者根据账号所在的平台进行选择即可，如抖音达人可以选择页面中的"我是抖音达人"选项，如图 1-2 所示。

图 1-2　选择"我是抖音达人"选项

Step 03 执行操作后，进入"抖音"页面，如图 1-3 所示，达人可以选择通过抖音 App 扫码进行验证登录，也可以选择使用手机验证码进行登录。

图 1-3　进入"抖音"页面

Step 04 如果达人选择通过抖音 App 扫码进行验证登录，需要登录并打开抖音 App，点击"首页"界面右上方的 🔍 按钮，进入搜索界面，点击搜索栏右侧的 ⊡ 按钮，如图 1-4 所示。

Step 05 执行操作后，进入"扫码"界面，将摄像头对准"抖音"页面中的二维码进行扫码，扫码成功后跳转至"抖音授权"界面，点击界面下方的"同意协议并授权"按钮，如图 1-5 所示。

图 1-4　点击相应按钮

图 1-5　点击"同意协议并授权"按钮

Step 06 执行操作后，即可进入巨量星图达人营销平台的"我的星图"界面，如图 1-6 所示。

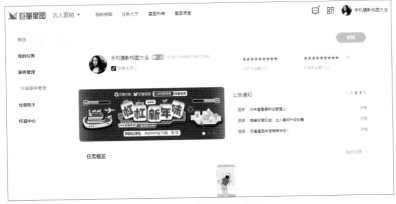

图 1-6　进入"我的星图"界面

Step 07 如果达人选择使用手机验证码进行登录，需要单击"抖音"页面中的"手机验证码登录"链接，进入相应页面，如图 1-7 所示。达人输入账号绑定的手机号后单击"发送验证码"，然后输入收到的验证码，单击"授权并登录"按钮，即可完成入驻。

图 1-7　进入"抖音"页面

Step 08 入驻成功后，在"我的星图"界面的左侧导航栏中依次单击"服务管理"和"抖音服务管理"，即可进入相应页面，如图 1-8 所示。达人可以在"短视频服务"和"直播服务"两个选项卡中查看未开通的任务和对应的开通条件。如果达人的账号满足某个任务的开通条件，只需要单击相应任务右侧的"申请开通"按钮，根据提示进行开通即可。

图 1-8　进入相应页面

Step 09 如果达人的账号不满足开通条件，单击"申请开通"按钮后会弹出信息提示框，如图 1-9 所示，提示达人目前还不能开通任务，并告知未满足的条件。

图 1-9　弹出信息提示框

1.2.2　企业达人：电脑登录入驻

抖音企业达人同样可以入驻巨量星图平台，不过必须使用电脑登录巨量星图官网进行入驻。图 1-10 所示为企业达人的入驻要求。

> **1、入驻要求**
>
> 企业达人入驻巨量星图满足以下任一要求即可：
> - 企业抖音账号粉丝数1000以上且已开通直播购物车权限
> - 企业抖音账号粉丝数1万以上

图 1-10　企业达人的入驻要求

企业达人可以开通的任务有 5 种，分别是抖音传播任务、抖音短视频投稿任务、直播品牌推广任务、直播电商带货任务和即合素材任务，企业达人根据自身条件进行申请开通即可。其中前 4 种任务的开通要求与抖音达人的开通要求一致，开通即合素材任务要求企业达人绑定的抖音账号在抖音平台粉丝量大于或等于 10 万，且内容调性合法。

符合入驻要求的企业达人需要进入巨量星图官网，单击"达人 / 创作者"按钮，登录后进入 PGC（professional generated content，专业生产内容）入驻页面，填写基础信息和对公收款信息，完成相应认证，签署协议并归档后即可成功入驻。

1.2.3 明星账号：同样获得收益

明星账号也可以通过入驻巨量星图平台承接任务来获得收益。明星账号入驻和开通任务的要求与企业达人是一致的，不过入驻流程略有差别。符合要求的明星账号只需在巨量星图官网中单击"达人 / 创作者"按钮，登录后进入 PGC 入驻页面，填写基础信息和对公收款信息，完成相应认证，即可成功入驻。图 1-11 所示为明星账号入驻平台和承接任务的常见问题。

图 1-11　明星账号入驻平台和承接任务的常见问题

1.2.4 签约与解约：获得机构扶持

抖音达人可以通过与 MCN 机构签约，来获得机构的扶持，从而赚取更多收益。签约后如果达人想独立发展，还可以与 MCN 机构进行解约。下面介绍抖音达人与 MCN 机构签约和解约的方法。

1. 签约

签约邀请只能由机构发起，且不受达人任务状态的影响。如果机构想和达人进行合作，可以直接在巨量星图平台发起邀请；如果达人想和机构进行合作，就需要先与机构进行沟通，意见达成一致后再由机构发出邀请。图 1-12 所示为抖音达人与 MCN 机构签约的流程说明。

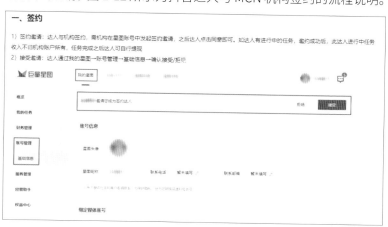

图 1-12 抖音达人与 MCN 机构签约的流程说明

2. 解约

与签约流程不同的是，解约可以由机构发起，也可以由达人发起。达人只能在所有任务完成后发起解约，图 1-13 所示为达人申请解约的方法和注意事项。

达人发起解约后，还需要机构进行确认，只有机构确认解约后，达人才能解约成功。图 1-14 所示为机构确认解约的方法。

如果是机构发起解约，只需要在"我的星图"界面的"签约达人"选项区中单击相应达人右侧的"解约"按钮即可。

1) 达人申请解约

登录星图→我的星图→账号管理→基础信息→绑定MCN账号区域点击"解约"申请，等待机构确认即可

注意

- 达人解约申请需机构同意，机构未同意解约之前，达人无法接单
- 有未完成的订单不支持解约，需订单完成之后方可操作解约

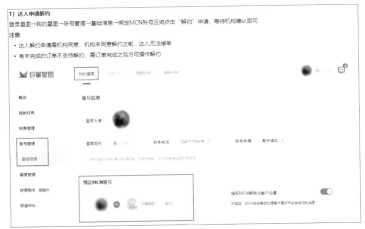

图 1-13　达人申请解约的方法和注意事项

2) 机构确认解约

机构从已签约达人中对已经申请解约的达人点击同意即可

图 1-14　机构确认解约的方法

1.3　入门操作：更快开始接单

　　达人入驻巨量星图平台后，需要掌握查看自身的等级和权益、开通接单权限、开通和关闭任务权限以及设置不同类型任务的报价等操作，才能更快地开始接单，获得更多收益。

1.3.1 达人等级：享受更多权益

巨量星图达人一共有 4 个等级，等级越高，可享受的权益就越多、越好，因此达人要努力提升自己的等级来获取更多的权益。想提升等级就要先了解升级条件和升级任务，达人可以在"我的星图"页面中点击"权益中心"，进入相应页面，如图 1-15 所示。根据提示完成操作后，即可在抖音 App 中进入"权益中心"界面，如图 1-16 所示，查看自身的等级、可享受的权益、升级任务以及升级条件等信息。

达人还可以点击界面右上角的"等级说明"按钮，进入"等级说明"界面，如图 1-17 所示，查看等级体系的说明。

图 1-15　进入相应界面

图 1-16　进入"权益中心"界面

图 1-17　进入"等级说明"界面

1.3.2 接单权限：快速申请开通

达人入驻巨量星图平台后，要先开通接单权限，才能开始承接任务，获得收益。图 1-18 所示为个人达人开通接单权限的流程和注意事项。

图 1-18　个人达人开通接单权限的流程和注意事项

1.3.3 任务权限：随时进行开关

开通接单权限需要申请开通任务，达人根据账号条件和任务申请条件选择合适的任务进行申请即可。如果达人有事不能承接任务，可以关闭接单权限暂停接单，等可以接单时再恢复权限。图 1-19 所示为任务权限开通和关闭的操作方法。

> **1、开通任务权限**
> 登录平台→我的星图→服务管理→开通更多任务，点击"申请开通"，如符合申请条件，则弹出相应任务的服务协议
> **2、开启&暂停接单**
> 平台支持达人自行开启或关闭接单权限。如达人关闭"接单中"的按钮，会及时显示休息中的状态，达人的头像显示为灰色，暂时无法接单。达人重新开启接单按钮则可立即恢复接单权限

图 1-19　任务权限开通和关闭的操作方法

除此之外，当达人的抖音账号粉丝数大于 10 万后，可以开启"在抖音个人主页展示合作链接"功能，开启成功后达人的抖音 App 个人主页中会显示"找我官方合作"链接，如图 1-20 所示。如果客户想找达人合作，可以直接点击该链接，跳转至"找达人上星图"界面，查询达人的报价。

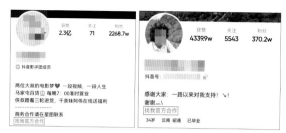

图 1-20　个人主页显示"找我官方合作"链接

1.3.4　任务报价：自行前往设置

达人开通任务后，要对任务的报价进行设置才能开始接单。不同类型的任务设置的报价也不同，达人只能设置已开通的任务报价，在设置时还要遵守平台的规则。图 1-21 所示为报价设置的相关说明。

图 1-21　报价设置的相关说明

达人只需要在"我的星图"界面左侧导航栏中依次单击"服务管理"和"抖音服务管理"，在"已开通任务"选项区中单击相应任务下方的"设置报价"按钮，根据提示即可进行设置。

1.4　提现操作：查看任务收益

完成任务后，达人就可以获得事先约定好的收益，还可以查看任务结算记录和提现记录。本节介绍查看收益、设置提现和解决提现限制的操作方法以及提现过程中的常见问题。

1.4.1 查看收益：了解具体金额

达人登录巨量星图平台后，默认会进入"我的星图"页面，在这里可以直接看到账号通过做任务获得的总金额和当前可提现金额，但是默认状态下不会显示具体数字，而是显示一串 * 号，这是平台为了保护达人隐私将数字进行了隐藏。如果达人想查看具体金额，可以单击右侧的 按钮，如图 1-22 所示，单击后，按钮变为 按钮，* 号也变成了数字，单击 按钮即可再次隐藏金额。

图 1-22　单击相应按钮

如果达人想查看账号的收益记录和提现记录，可以移动鼠标至页面右上方的头像位置，在弹出的列表框中选择"交易记录"选项，即可进入"巨量星图 个人中心"页面，如图 1-23 所示。

图 1-23　进入"巨量星图 个人中心"页面

达人可以通过单击 按钮查看任务获得的总金额、累计提现的金额和当前可提现金额；也可以通过输入任务 ID 或设置时间范围查看相应任务的结算记录；还可以单击"提现记录"按钮，查看提现的时间、金额和账号以及到账状态。

1.4.2 提现设置：绑定提现信息

达人完成任务获得收益后，可以进行提现操作。在首次提现时，达人要先绑定提现信息才能继续提现。绑定提现信息有绑定手机号码、进行个人实名认证和绑定提现账号 3 个步骤，每个步骤都有相应的注意事项。

1. 绑定手机号

达人在绑定手机号时要绑定正在使用的手机号码，否则在后续提现过程中会因为接收不到验证码而导致提现失败。如果达人想修改手机号码，可以在登录巨量星图平台后，移动鼠标至页面右上方的头像位置，在弹出的列表框中选择"提现设置"选项，进入"巨量星图 个人中心"页面进行修改。

2. 个人实名认证

因为个人实名信息认证后无法修改，所以达人在填写信息时一定要小心谨慎。

3. 绑定提现账号

巨量星图平台支持提现至支付宝和银行卡中，达人可以选择相应账号进行绑定。如果达人选择绑定银行卡账号，按页面提示进行操作即可；如果达人选择绑定支付宝账号，就要填写准确的支付宝账号。达人可以打开并登录支付宝 App，❶切换至"我的"界面，❷点击个人头像所在的位置，如图 1-24 所示。进入"个人信息"界面，查看实名认证信息和支付宝账号，如图 1-25 所示。

图 1-24 点击个人头像

图 1-25 查看实名认证信息和支付宝账号

在绑定支付宝账号时，达人应注意以下 3 个要点。

❖ 支付宝账号的实名认证人一定要与实名认证的信息一致。

❖ 绑定时输入的账号一定要准确无误。

❖ 支付宝账号一定要是个人账号，平台目前不支持公司支付宝账号提现。

如果达人想修改绑定的支付宝账号，可以在"巨量星图 个人中心"页面中进行解绑后再重新绑定。如果达人想修改绑定的银行卡信息，可以单击"提现"按钮，进入提现界面后再进行修改。

1.4.3 提现限制：升级成工作室

目前巨量星图平台对达人单日提现的金额没有限制，但是有年累计提现金额限制，如果达人的年累计提现金额达到上限，就会无法提现。不过达人也不必担心，只需要根据页面提示进行操作，升级成为工作室，就可以提升提现额度，继续提现。

需要注意的是，升级成工作室后，达人提现时只能提现至银行卡中，并且单日提现金额不能超过 499 999 元。如果达人之前没有绑定银行卡账号，可以在"巨量星图 个人中心"页面中进行绑定。

1.4.4　常见问题：成功进行提现

在提现过程中，达人可能会遇到一些问题，下面对一些提现过程中可能会出现的问题进行解答，帮助达人顺利提现。

1. 提现失败显示"余额不足"或提现未到账

如果任务奖励还没有分配到达人的账号中，会出现提现失败显示"余额不足"的情况，此时达人可以等待 1～3 个工作日后再尝试提现。

如果提现未到账，但是显示的可提现金额减少了，可能是因为仍处在提现周期，达人耐心等待即可。如果在发起提现 72 小时后依然没有到账，达人可以联系巨量星图平台的客服进行处理。

2. 提现手续费

平台只会对未签约 MCN 机构的达人收取 5% 的服务费。例如，达人的报价是 1000 元，任务正常完成后平台会收取 50 元的服务费，达人的可提现金额是 950 元。

3. 达人任务金额的结算方式

平台根据达人接单时的状态对任务进行结算。如果接单时达人没有签约 MCN 机构，那么收益到账后达人可以自行提现；如果接单时达人已经与 MCN 机构签约，即便任务完成后达人和机构解约了，结算时平台都只会和 MCN 机构进行结算，达人无法自行提现，需要和机构沟通结算问题。

4. 达人移动端提示有"冻结金额"

如果移动端提示有"冻结金额"，可能是因为达人参加了"繁星计划"。为了方便结算，平台会将达人当月参加繁星计划的收入进行冻结，等到次月达人才能进行提现。

> **特别提醒**　"繁星计划"是巨量星图平台为了扶持有潜力的优质达人推出的商业化项目，具体内容可以在 3.3.2 节中进行学习。

1.4.5 对公结算：线上授权签章

与个人达人不同的是，入驻巨量星图平台的明星账号、媒体号和企业达人在完成任务后不能自行提现，要发起对公结算，完成线上授权签章后才能将收益转至准备好的账户。图 1-26 所示为企业达人的对公结算规则。

一、结算规则

形式：企业根据后台可结算订单发起线上授权签章的对公结算

周期：到款时间为收到开具发票后的10个工作日内到款（发票无误前提下，工作日非自然日）

可结算需满足的条件：

- 确保跟平台签约的合同协议已经归档
- 确保后台收款信息准确无误
- 已经完成后台账号信息里资质信息的CA签章授权
- 后台存在可结算订单信息

图 1-26　企业达人的对公结算规则

企业达人在结算时，首先要生成结算单，并在线上完成结算单签章，然后根据结算单开具相应金额的发票，将其邮寄到巨量星图平台提供的地址，在物流显示签收后企业达人还要发送签收邮件到指定邮箱，才算完成结算。最后，如果发票无误，巨量星图平台会在收到发票后的 10 个工作日内将对应金额打入企业达人绑定的银行卡账户中。

明星账号、媒体号在进行结算时，可以参考企业达人的结算规则和流程进行操作，不过发送签收邮件的邮箱地址会有所不同。

第2章
接单：
轻松完成任务

想获得更多收益，达人就要选择适合自己的任务，并学会利用工具完成任务。本章主要介绍巨量星图平台支持的任务类型和提供的运营工具以及一些完成任务的相关操作，帮助达人更好地挑选和完成任务，轻松获得收益。

2.1 任务类型：多样化的选择

巨量星图面向不同平台的达人提供了不同类型的任务，只要达人的账号达到相应的入驻和开通任务的条件，并开通接单权限后，就可以承接该平台的任务。本节介绍巨量星图平台支持的各种任务类型。

2.1.1 抖音传播任务

抖音传播任务是达人自行设置报价、客户根据需求和预算选择达人进行合作的一对一任务模式。在合作过程中，达人要凭借内容的创意性和自身的影响力帮助客户达到宣传产品的效果。下面介绍承接和完成抖音传播任务的相关操作。

1. 承接任务

达人可以通过一些简单的操作接收抖音传播任务，具体步骤如下。

Step 01 登录巨量星图平台，①依次单击"我的星图"和"我的任务"，进入"我的任务"页面；②单击该页面中对应任务后方的"去接收"按钮，如图 2-1 所示。

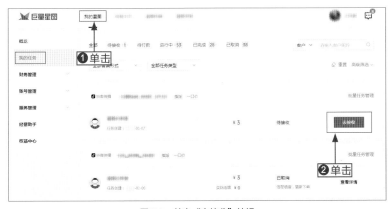

图 2-1 单击"去接收"按钮

Step 02 执行操作后，进入"我的任务 / 任务详情"页面，①单击对应任务后方的"接收任务"按钮，页面中会弹出"接收任务"对话框；②单击该对话框中的"确定"按钮，如图 2-2 所示。

图 2-2　单击"确定"按钮

Step 03 执行操作后，即可实现接收该任务。

2．制作脚本

接收任务之后，达人可以根据任务来制作脚本。具体来说，在接收任务后，达人会进入"任务详情"页面，即可看到"制作脚本"板块，单击该板块中的"上传脚本"按钮，如图 2-3 所示。

图 2-3　单击"上传脚本"按钮

执行操作后，达人只需根据系统提示进行操作，便可上传脚本。将制作的脚本上传之后，达人可以单击"任务详情"页面中脚本右侧的空白位置，在弹出的面板中查看审核结果，如图 2-4 所示。如果该面板中显示"审核通过"，就说明制作的脚本是符合平台要求的。

图 2-4　查看审核结果

3．上传视频

脚本制作完成后，达人接下来要做的就是上传视频。下面笔者就来介绍上传视频的步骤。

Step 01 进入巨量星图平台中的"任务详情"页面，单击"制作视频"板块中的"上传视频"按钮，如图 2-5 所示。

图 2-5　单击"上传视频"按钮

Step 02 登录抖音创作服务平台，❶单击"发布视频"按钮；❷单击右侧的空白区域或将视频拖进该区域，即可上传视频，如图 2-6 所示。

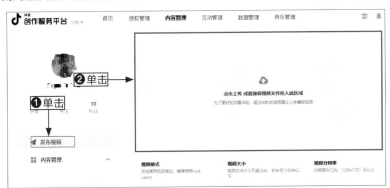

图 2-6　单击空白区域

Step 03 上传视频之后，达人可以在"任务详情"页面中查看视频审核结果。图 2-7 所示为查看视频审核结果的相关说明。

> 2）查看视频审核结果
> 点击制作视频空白位置，右侧会弹出窗口说明，可查看审核结果：
> • 审核未通过：按照驳回原因修改视频重新上传审核
> • 审核通过：客户可操作驳回或确认，若驳回需再次修改上传审核，若客户确认，则等待客户发布视频即可

图 2-7　查看视频审核结果的相关说明

4．视频发布

上传的视频通过审核之后，客户可以通过操作来进行发布。图 2-8 所示为视频发布的相关说明。

图 2-8　视频发布的相关说明

5．任务完成

视频发布之后，只需等待客户和系统验收便可完成任务。图 2-9 所示为任务完成的相关说明。

图 2-9　任务完成的相关说明

只有客户向达人发布抖音传播任务后，达人才能选择接收或拒绝任务。如果达人发现没有传播任务可接，可能是因为达人账号的粉丝数量、作品播放量等各项数据不够突出，客户觉得达人无法满足营销需求，所以不会给达人发布任务。达人可以先通过发布优质视频、积极参与活动等方法提高账号数据，增加客户发布任务的概率。

2.1.2　抖音短视频投稿任务

抖音短视频投稿任务是一种一对多的任务模式，参与任务的方式不再是由客户挑选达人进行合作，而是达人挑选任务进行投稿。下面介绍承接和完成投稿任务的相关操作。

1．查看任务

达人可以通过如下步骤，在巨量星图平台中查看投稿任务的相关信息。

Step 01 进入巨量星图平台的默认页面，❶依次单击"任务大厅"和"我可投稿"，进入"我可投稿"页面；❷单击该页面中对应任务后方的"参与投稿"按钮，如图 2-10 所示。

图 2-10　单击"参与投稿"按钮

Step 02 执行操作后，即可进入"任务大厅 / 任务详情"页面，在此查看该投稿任务的相关信息，如图 2-11 所示。

2．接收任务

如果达人对某个投稿任务感兴趣，便可以通过如下步骤接收任务。

Step 01 进入如图 2-11 所示的"任务大厅 / 任务详情"页面，单击该页面中的"我要投稿"按钮。

Step 02 执行操作后，会弹出"接收任务"对话框，单击该对话框中的"确定"按钮，如图 2-12 所示。

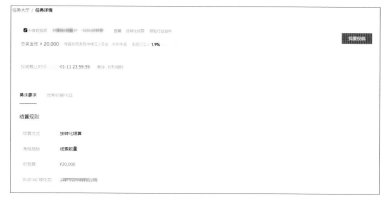

图 2-11　投稿任务的相关说明

图 2-12　单击"确定"按钮

Step 03 执行操作后，进入"达人投稿"页面，如果该页面中显示"参与投稿进行中"，就说明接收任务成功了，如图 2-13 所示。

图 2-13　显示"参与投稿进行中"

3．参与任务

接收任务成功之后，达人便可以通过投稿来参与任务了。具体来说，达人可以单击图 2-13 中的"上传视频"按钮，然后进入抖音创作服务平台发布投稿视频。投稿之后，达人还需要查看审核结果，因为只有通过审核的视频，才能获得奖励。图 2-14 所示为查看视频审核结果的相关说明。

2）查看视频审核结果

点击空白位置，右侧会弹出窗口说明，可查看审核结果：

- 审核通过：视频会进入到数据计算和瓜分奖励期间，页面会显示详细的数据和奖励
- 审核未通过：
  ◦ 内容审核不通过：关于视频内容的审核驳回问题，按照驳回原因修改视频重新上传审核
  ◦ 任务要求相关性审核不通过：关于相关性审核驳回问题，按照客户的硬性要求修改视频重新上传审核
  ◦ 安全审核不通过：安全审核就是指审核底线安全类，可针对消息通知驳回原因进行修改

图 2-14　查看视频审核结果的相关说明

4．结果公示

任务结束之后，会进行结果公示。如果达人的投稿内容被判定为获奖，便可以获得一定的收益。另外，考虑到部分达人可能对结果公示的相关内容不太了解，巨量星图平台对结果公示的相关信息进行了说明，如图 2-15 所示。

4、结果公示

- 平台根据两个条件进行投稿终止判定：投稿日期截止或客户预算消耗完毕。若未到截止日期，但预算消耗完，此任务也将终止
- 投稿终止后，客户确认获奖达人后进入公示阶段，获奖达人作品将公示三天（如页面显示其他日期，以页面显示为准），公示结束后，且无异议，奖励将按计划下发至达人账号
- 任务终止之后，达人可在我的任务—任务详情查看奖励发放情况

图 2-15　结果公示的相关说明

2.1.3　抖音小程序推广任务

抖音小程序推广任务其实也是抖音短视频投稿任务中的一种，但是它有专属的任务平台，需要在特定界面中发布视频，具体操作步骤如下。

Step 01 达人需要在抖音 App 的搜索框中输入并搜索"小程序推广计划"，如图 2-16 所示。

Step 02 在搜索结果中点击"小程序推广计划"右侧的"进入"按钮，即可进入"小程序推广计划"界面，如图 2-17 所示。

图 2-16　搜索"小程序推广计划"

图 2-17　进入"小程序推广计划"界面

Step 03 达人可以点击图 2-17 中的"小程序推广计划 业务介绍"链接，查看相关说明视频，如图 2-18 所示。

Step 04 对小程序推广任务有了一定了解后，达人可以点击相应任务，查看任务的详细信息，如图 2-19 所示。

图 2-18　查看相关说明视频

图 2-19　查看任务的详细信息

如果达人想完成小程序推广任务，只需要根据任务要求拍摄视频后，点击相应任务详细信息界面中的"上传视频完成任务"按钮，上传制作好的视频，即可成功参与任务，等待收益到账。

2.1.4 抖音直播任务

抖音直播任务是由客户挑选合适的达人并填写相应的任务要求，达人承接任务后根据要求进行直播，并上传直播视频供客户查验。抖音直播任务有两种任务类型，其区别如图 2-20 所示。

任务模式	结算方式	付费规则	可直播次数	是否可以申请补播
直播品牌推广（对应偏品牌宣传类的直播合作，不需要加购物车）	一口价	按直播小时数结算	1次 开播有五分钟的测试机会	是，平台审核通过可补播1次
		按天进行结算	没有限制	否
直播电商带货（对应偏电商带货类的直播合作，要求必须挂购物车商品）	专场（整场直播为一个特定的客户/品牌进行直播）	按直播小时数结算	1次 开播有五分钟的测试机会	否
	拼场（指整场直播为多个不同的客户/品牌进行直播）	按商品坑位数量结算	1次 开播有五分钟的测试机会	否

图 2-20　抖音直播任务两种任务类型的区别

下面介绍接收和完成抖音直播任务的相关操作。

1. 接收任务

抖音直播任务的接收方法和抖音传播任务的接收方法类似，这里就不详细说明了。巨量星图平台对接收抖音直播任务的相关信息进行了说明，如图 2-21 所示，有需求的达人可以了解一下。

1、接收任务
· 我的星图→我的任务→"去接收"页面跳转到任务详情页中接收任务（**需在页面规定时间内接收，超时未接收订单自动失效**）
· 直播品牌推广任务按天付费合作订单，平台不限制主播的开播次数和组件的展示时长，但是**限制主播只能当天开播**，超过客户指定的开播时间开播入口置灰，也不支持后续绑定直播间；若无法按照客户需求日期开播，建议在开播前与客户沟通修改开播日期
注意：接单后，如主播未履约或遭到投诉，经平台核定后，将视情形严重程度扣除主播星图账号信用分并给予相应处罚；如客户中途取消任务，则需根据任务进度，向主播支付一定的赔偿金额

图 2-21　接收抖音直播任务的相关说明

2．制作脚本

抖音直播任务的脚本制作的操作方法与抖音传播任务相似，只是这里要制作的是直播脚本。当然，达人将制作的脚本上传之后，同样也是需要审核的，只有通过了审核，才能进入下一步操作。

3．开始直播

脚本审核通过之后，达人便可以开始直播了。具体来说，达人可以通过如下操作来开始抖音直播任务。

Step 01 进入巨量星图平台中的"任务详情"页面，单击"开始直播"面板中的"去直播"按钮，如图 2-22 所示。

图 2-22 单击"去直播"按钮

Step 02 执行操作后，会弹出"开始直播"对话框，如图 2-23 所示。进入抖音 App 的搜索界面，扫描该对话框中的二维码。

图 2-23 弹出"开始直播"对话框

Step 03 执行操作后，即可进入"开启直播"界面。达人根据自身需求，设置相关信息，并开启直播即可。

4．等待验收

完成直播之后，达人便可以等待客户的验收了。当然，如果达人此时进入巨量星图平台的"任务详情"页面，便会看到页面中显示的"您已完成直播，请等待客户确认并验收"。另外，在等待验收的过程中，也有一些注意事项，图 2-24 所示为巨量星图平台展示的等待验收的相关说明。

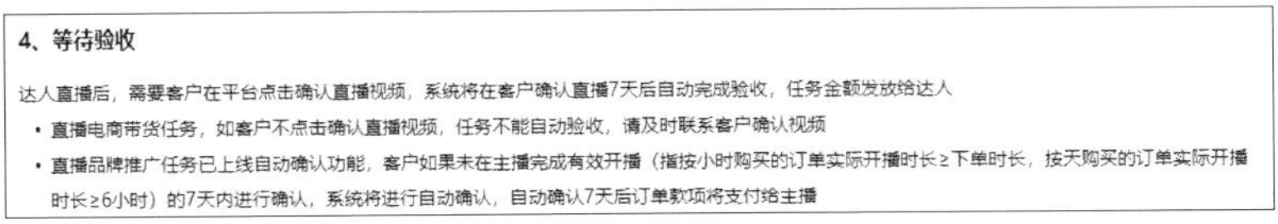

4、等待验收

达人直播后，需要客户在平台点击确认直播视频，系统将在客户确认直播7天后自动完成验收，任务金额发放给达人

- 直播电商带货任务，如客户不点击确认直播视频，任务不能自动验收，请及时联系客户确认视频
- 直播品牌推广任务已上线自动确认功能，客户如果当主播有效开播（指按小时购买的订单实际开播时长≥下单时长，按天购买的订单实际开播时长≥6小时）的7天内进行确认，系统将进行自动确认，自动确认7天后订单款项将支付给主播

图 2-24　等待验收的相关说明

5．任务完成

客户验收完成后，达人即可完成任务获得收益，有需要的达人还可以单击巨量星图平台"任务详情"页面中的"营销数据"按钮，查看相关直播的数据。图 2-25 所示为巨量星图平台中关于任务完成的相关说明。

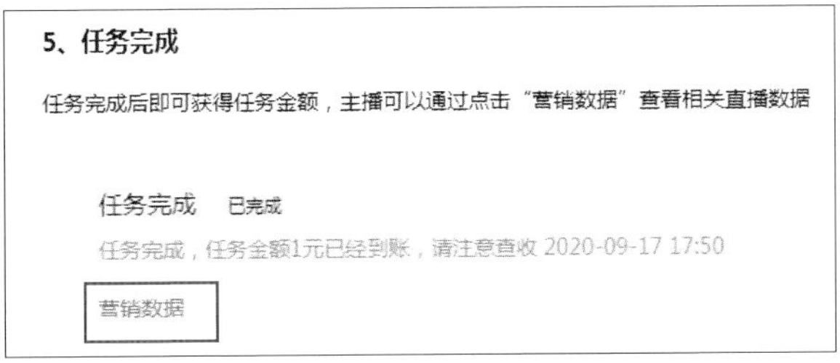

5、任务完成

任务完成后即可获得任务金额，主播可以通过点击"营销数据"查看相关直播数据

任务完成　已完成

任务完成，任务金额1元已经到账，请注意查收 2020-09-17 17:50

营销数据

图 2-25　任务完成的相关说明

2.1.5　抖音直播投稿任务

抖音直播投稿任务是由客户发布直播任务，达人根据要求进行直播，在任务结算时根据达人的直播表现选取获奖作品并发放奖励。直播投稿任务的结算方式如图 2-26 所示，由该图可以看出达人直播的转化率和销售量越高，能得到的收益就越多。下面介绍承接和完成抖音直播投稿任务的相关操作

图 2-26　直播投稿任务的结算方式

1．查看任务

抖音直播投稿任务与抖音短视频投稿任务的查看方法基本相同，只是查看的任务对象有一些差异。达人可以参考 2.1.2 节中的方法，查看直播投稿任务的相关信息。

2．参与任务

找到合适的抖音直播投稿任务之后，达人便可以通过一定的操作参与任务，具体步骤如下。

Step 01 进入"任务详情"页面，单击该页面中的"我要投稿"按钮，会弹出"接收任务"对话框，单击该对话框中的"确定"按钮，如图 2-27 所示。

图 2-27　单击"确定"按钮

Step 02 执行操作后，即可在"任务详情"页面中查看对应抖音直播投稿任务的相关信息，如图 2-28 所示。

3．开始直播

如果达人确定要投稿某个抖音直播任务，即可参照 2.1.2 节中的方法，通过直播参与任务。当然，在开始抖音投稿任务的直播时，还有一些需要注意的事项，如图 2-29 所示。

图 2-28　查看抖音直播投稿任务的相关信息

注意：开始直播必须"选择星图任务"进行关联，若开播截止日期前，客户预算消耗完，则无法进入"开始直播"入口，开播需遵循抖音直播内容&行为规范
· 达人首场直播完成后（开播时间大于10分钟）才能看到流程节点，进入"参与投稿"状态
· 若同一达人直播次数超过3次或客户预算消耗瓜分完时，"开始直播"按钮置灰，将无法开播
· 当前收益：查看已经获得的收益，可点击查看结算详情
· 消耗进度：该任务当前总消耗
· 奖励金额：等于（展示/点击/激活/线索/安装/销售总数）*单价）

图 2-29　开始抖音投稿任务直播的注意事项

4．结果公示

任务结束后，达人可以通过查看结果公示，来判断自己是否获得了奖励。另外，关于结果公示也有一些需要注意的事项。对此，巨量星图平台中对结果公示进行了说明，如图 2-30 所示，达人可以仔细阅读。

4、结果公示
· 平台根据两个条件进行投稿终止判定：投稿日期截止，客户预算消耗完毕。若未到截止日期，但预算消耗完，此任务也将终止
· 投稿终止后有7天的计费期，计费期结束，客户确认获奖后进入公示阶段，可点击"查看完整排行榜"，获奖主播作品公示3天，公示结束后，且无异议，奖品将按计划下发至主播账号
· 任务终止之后，达人可在我的任务→任务详情查看结算详情

图 2-30　结果公示的相关说明

2.1.6　今日头条独家任务

今日头条平台一共有 4 种独家任务供达人挑选，分别是微头条任务、头条问答任务、头条撰稿＆直发任务以及头条投稿任务。

其中，微头条任务、头条问答任务以及头条撰稿＆直发任务是一对一的任务模式，客户挑选达人下单，达人根据要求撰写相应图文即可，在结算时会根据达人的报价金额发放收益；头条投稿任务则是一对多的任务模式，客户发布投稿任务后，只有获奖达人才能得到任务奖励。

2.1.7　西瓜视频独家任务

西瓜视频平台一共有两种独家任务，分别为西瓜中视频传播任务和西瓜中视频投稿任务。西瓜中视频传播任务与抖音传播任务模式相似，西瓜中视频投稿任务与抖音短视频投稿任务的任务模式相似，但视频发布的平台、视频时长、结算方式等细节有所不同，达人要注意区分。西瓜中视频投稿任务的结算方式如图 2-31 所示。

2、结算方式							
结算方式	考核指标	视频审核时效	收益更新时间	公示期	奖金发放时间	审核结果是否占视频上传次数	可参与结算条件
按视频等级结算	按浏览量或赞评总数(2选1)	内容审核/相关性审核2小时	每天10点更新所有视频截止前两天的数据	5个自然日	公示期结束后，固定周四结算（如页面显示其他日期，以页面显示为准）	审核不过不占次数	内容审核通过安全审核通过
按有效播放量结算(CPM)	视频有效播放量		数据统计截止到投稿截止时间（若客户金额未消耗完成，数据统计延期7天）	3-5天，最长7天（如页面显示其他日期，以页面显示为准）			

图 2-31　西瓜中视频投稿任务的结算方式

2.1.8　头条＆西瓜直播任务

今日头条和西瓜视频除了有平台的独家任务，还有一个共同的任务，即头条＆西瓜直播任务。客户根据需求挑选达人发布任务，达人接收任务后根据要求在今日头条账号或西瓜视频账号中进行直播，客户确认直播视频并完成验收任务，达人即可获得收益。图 2-32 所示为头条＆西瓜直播任务的常见问题。

三、常见问题

Q1、任务接收是否有时限要求？
客户发布任务后，主播需在24小时内接收任务，否则任务自动取消

Q2、直播报价修改也是次月生效吗？
是的，平台目前所有任务改价都是次月生效

Q3、直播间违规被封禁会影响下一个客户投放和接单权限吗？
会！请严格按照直播规范进行直播

图 2-32　头条＆西瓜直播任务遇到的常见问题

头条＆西瓜直播任务的结算方式为全额付款，即达人的报价是多少，完成任务后获得的收益就是多少，不会受到直播的转化率或商品的销售量的影响。不过，达人直播获得的营销数据越好，对增加任务数量和提升商业价值的帮助就会越大。因此，达人要仔细阅读任务要求，认真撰写脚本，尽可能地提高直播的各项数据。

2.2　运营工具：达人的好助手

平台提供的运营工具可以帮助达人更好地完成星图任务和运营账号，本节介绍投后数据报告工具、达人经营助手工具以及视频附加组件工具的使用方法。

2.2.1　投后数据报告工具

在视频发布后，达人如何查看视频数据？客户又如何判断营销效果呢？巨量星图平台的投后数据报告工具为达人监控视频表现、为客户解读营销效果提供了官方参考数据。

图 2-33 所示为投后数据的查询路径，达人可以选择相应任务进行查看。关于投后数据维度，如图 2-34 所示，通过 6 个维度的数据和得分，达人可以判断任务的完成情况，也可以更好地了解观众喜好和市

场反应，从而针对视频数据对自身能力进行相应的强化和提高，以便在下次完成任务时获得更好的效果。

1、查询路径

- 我的星图→选择相关的任务→点击任务详情→任务完成模块「营销数据」
- 我的星图→选择相关的任务→点击三个点→投后数据

图 2-33　投后数据的查询路径

三、可看数据维度

订单投后数据报告会从传播表现、性价比表现、受众表现、舆情表现、转化表现、创意表现 6 个维度分别展示具体数据和得分，并汇总结出整体投放表现得分。报告产出时间：投放 3 天后可查看完整的表现，暂无数据的可稍后查看

- 在顶部将展示订单的核心数据情况，包括播放量、点赞量、评论量、分享量、组件点击率（若有）
- 内容表现指数：根据订单内容的传播、性价比、受众、舆情、转化、创意等受众的多维数据表现加权综合计算（按权重大小排序），评估该内容的表现水平，并与平台内同产品行业订单进行播数比较
- 传播表现：主要评估该订单内容的有效播放、互动数据，评估达人该订单内容的传播表现
- 性价比表现：主要评估该订单内容的 CPM 数据，从而衡量本次投放性价比
- 受众表现：主要评估订单内容受众的活跃度、转化率等数据，以此衡量该内容受众价值及内容优质度
- 舆情表现：主要评估该订单内容评论的正负向表现，以此评估该内容所带来的正向引导价值
- 转化表现：主要评估该订单内容所添加购物车、link等组件带来的多维度点击数据，评估本次投放转化表现
- 创意表现：主要评估该订单内容平均、完整、前5秒播放率等数据，以此衡量内容创意水平及吸引力

图 2-34　投后数据维度

2.2.2　经营助手工具

达人可以使用巨量星图平台提供的经营助手工具来了解和提升自身的营销能力，获取更多变现机会，下面介绍该工具的使用方法。

达人可以在"我的星图"页面中单击"经营助手"，进入相应页面，查看各项数据，如图 2-35 所示。

图 2-35　查看各项数据

经营助手工具可以为达人提供上周概览、数据趋势、分析建议以及推荐客户 4 个方面的数据，各项数据的内容和作用如图 2-36 所示。

- **上周概览**：汇总展示上个自然周在星图上的经营数据，包括客户侧曝光次数、个人主页的浏览量、被客户加购/收藏的次数、客户下单等数据数据，并通过数据的环比变化和排名让您更清晰的了解和判断近期的经营现状
- **数据趋势**：聚合上周概览数据中4个关键经营指标的近期数据变化趋势，以更好的了解经营走向，并辅助判断经营问题，从而进行针对性优化
- **分析建议**：系统通过数据研究出的经营优化建议，可以作为经营优化的策略参考
- **推荐客户**：系统通过智能分析为创作者推荐客户，包括对创作者感兴趣的客户，或有营销诉求且适合达人的潜在客户，并通过打招呼和发券提供给创作者主动建联推荐客户的通路，从而为创作者找到更多的商业机会

图 2-36　各项数据的内容和作用

经营助手工具的优势如图 2-37 所示。达人可以利用经营助手工具不断提升账号的商业价值和影响力，来获得更多任务收益。

1）经营优化
- 通过上周概览、数据趋势、分析建议等模块，可以更好地了解自身内容营销的经营情况及针对性优化，并通过经营优化以获取更多的变现机会
2）商机拓展
- 从原来的被动等客户下单，到现在通过推荐客户可以主动发起商机拓展，在内容变现过程中掌握了更大的主动权
3）相关案例数据
- 主动给客户打招呼的达人，相比来使用经营助手达人更容易成单

图 2-37　经营助手工具的优势

2.2.3　视频附加组件工具

为了更好地满足客户的营销需求，提高转化率，巨量星图平台提供了种类丰富的组件工具，如购物车、落地页、小程序等，达人在完成任务时根据任务要求进行添加使用即可。

客户在发布任务时就需要添加相应的组件要求，根据营销目标的不同，视频组件分为常规组件和行业组件两种，如图 2-38 所示。

- **常规组件**：link组件（落地页）、poi组件、购物车组件、小程序/小游戏、影视站、游戏站
- **行业组件**：网服行业锚点、电商行业锚点、汽车行业锚点、教育行业锚点、保险行业锚点、教育行业锚点、旅游行业锚点、招商加盟锚点

图 2-38　视频组件的分类

不同任务类型支持的锚点如图 2-39 所示。除了抖音平台的任务可以添加组件外，今日头条和西瓜视频的任务也可以添加组件，只是其支持的组件样式较为单一，且有使用场景的限制。如今日头条平台只能添加头条商品卡、西瓜视频平台的直播只可以添加购物车组件。

任务类型	支持锚点
抖音传播任务	link组件（落地页）、poi组件、购物车组件、小程序/小游戏、影视站、游戏站、网服行业锚点、电商行业锚点、汽车行业锚点、教育行业锚点、保险行业锚点、家装行业锚点、游戏行业锚点、招商加盟锚点、具体以页面显示为准
抖音投稿任务	link组件（落地页）、poi组件、购物车组件、小程序/小游戏、影视站、游戏站、网服行业锚点、电商行业锚点、汽车行业锚点、教育行业锚点、保险行业锚点、家装行业锚点、旅游行业锚点、招商加盟锚点、具体以页面显示为准
抖音直播任务	link组件（落地页）、购物车组件、小程序、企业号小程序、企业应用下载、预约服务、团购、应用下载等、具体以页面显示为准
抖音直播投稿任务	link组件（落地页）、应用下载、企业应用下载、小程序、企业号小程序、预约服务等、具体以页面显示为准

图 2-39　不同任务类型支持的锚点

2.3　相关操作：完成星图任务

在承接星图任务时，达人可以修改报价；在完成任务的过程中，达人可能会因为特殊原因需要取消任务，也可能需要添加相应组件；在完成任务后，达人可以对任务进行评价，也可以管理过往的任务评价。下面分别介绍各项操作方法。

2.3.1　修改报价

巨量星图任务支持两种结算方式，一种是全额付款，客户根据达人的报价一次性完成支付；另一种是预付定金，客户需要先支付达人报价的 10% 作为定金，达人接单后再支付剩余的费用。

不同类型的任务支持的结算方式也不相同，有的任务支持两种结算方式，有的任务只支持一种结算方式，客户发布任务时会根据自身需求和任务限制进行选择。如果客户选择的结算方式为预付定金，那么就需要先支付定金。图 2-40 所示为客户发布任务时的操作方法。

达人在"我的星图"页面中单击"我的任务"按钮，即可查看待接收、待付款、进行中、已完成和已取消的任务，在"待接收"选项卡中单击相应任务即可查看任务详情，如图 2-41 所示。如果对任务条件满意，可以单击"接收任务"按钮接单。

图 2-40　客户发布任务时的操作方法

图 2-41　查看任务详情

达人接单后，可以选择修改报价，具体修改范围和时间如图 2-42 所示。客户收到达人的修改报价申请后，如果同意修改，那么定金和尾款的金额也会随之变化；如果不同意修改，只能驳回。

> 2、达人侧：若客户勾选预付定金，达人在24h内"接收任务"，可"修改报价"，修改范围为原报价上下浮动20%，达人"修改报价"后，客户可在任务详情中查看

图 2-42　修改报价的范围和时间期限

2.3.2 取消任务

接单后，如果达人因为某些原因不能继续完成任务，可以选择取消任务，但是任务进行到一定环节后将不支持取消，包括已经发布视频的传播任务和已经开启直播的直播任务。除了达人可以取消承接的任务，客户也可以取消发布的任务，不过要求已经通过审核的投稿任务无法取消。

达人申请取消任务并获得客户同意后，不需要支付任何费用，但也不会得到任务奖励；客户申请取消任务会根据达人完成任务的进度进行赔付。具体的赔付规则如图 2-43 所示。下面介绍达人取消任务的操作方法。

三、赔付规则

1、达人发起取消任务，不会产生任何客户倒赔付费用

2、客户点击取消，不同环节对应不同赔付比例，但达人不可以利用平台保障赔付流程，恶意上传无效脚本、无效视频获取订单赔付金额，一经核实，将扣除相应信用分并暂停接单权限，订单金额退还给客户

3、如客户点击取消任务产生赔付，规则如下：

1）短视频任务

- 上传脚本前，客户取消任务无需支付订单金额
- 上传脚本后，客户取消任务需要支付订单金额的10%
- 上传视频后，客户取消任务要支付订单金额的50%
- 客户已确认过视频，客户取消任务需要支付订单金额的100%
- 确认视频后任务验收前，无论达人是否删除视频，客户取消任务需要支付订单金额的100%

2）头条文章任务

- 创作者上传提纲前，客户取消任务无需支付任务金额
- 创作者上传提纲后，客户取消任务需要支付任务金额的10%
- 创作者上传文章后，客户取消任务需要支付任务金额的50%
- 客户完成两次文章反馈后，客户取消任务需要支付任务金额的100%

3）直播任务

- 达人接单后没有反馈，客户取消不扣款
- 出了脚本再取消，扣10%
- 确认脚本再取消，扣50%
- 开播后再取消，扣100%

图 2-43　取消任务的赔付规则

Step 01 在发布视频或开启直播前，达人可以在相应任务的详情页面中单击 "取消任务" 按钮，如图 2-44 所示。

Step 02 执行操作后，弹出 "取消任务" 对话框，❶选中相应取消原因前方的单选按钮；❷单击 "取消任务" 按钮，如图 2-45 所示，即可发起任务取消申请。等客户同意后，即可成功取消任务。

图 2-44　单击"取消任务"按钮（1）

图 2-45　单击"取消任务"按钮（2）

2.3.3　直播购物车

在完成直播任务的过程中，达人可能需要添加购物车组件进行带货，所以达人最好掌握直播购物车的添加方法。不过在开播前达人要做好相关准备，如图 2-46 所示，才能顺利添加购物车。

一、开播前准备

1、购物车展示条件

达人与客户合作的电商带货直播任务，直播间展示购物车，必须满足如下三点：

- 客户在给达人下单时在视频附加组件位置添加购物车商品
- 达人开播时再次进行购物车商品添加
- 抖音直播间可选商品需为个人橱窗中已添加的商品，因此开播前需提前将商品添加到商品橱窗

2、商品来源

- 自有小店商品：如小店商家没有入驻精选联盟，小店商家可绑定粉丝数大于30万的抖音号A作为主账号，主账号绑定成功后可再绑定其他普通号BCDE……（无粉丝数要求），自有小店商品即可由抖音账号ABCDE..分享
- 精选联盟商品：优秀的小店商家受邀入驻精选联盟后，商品可同步至精选联盟商品库供所有电商达人分享

图 2-46　开播前准备

做好开播前的相关准备后，达人就可以添加直播购物车并进行直播了，下面介绍具体的操作方法。

Step 01 打开并登录抖音 App，点击"首页"界面中的 ➕ 按钮，如图 2-47 所示。

Step 02 执行操作后，默认进入"快拍"界面，点击界面中的"开直播"按钮，即可进入"开直播"界面，如图 2-48 所示。

图 2-47　点击相应按钮

图 2-48　进入"开直播"界面

Step 03 点击"商品"按钮，即可进入"添加商品"界面；点击相应商品右侧的"添加"按钮，即可成功为直播添加购物车组件和商品。

2.3.4 申请直播补播

达人在直播时可能会遇见突发情况导致直播出错，平台基于直播的不可控性，为直播任务预留了 5 分钟的缓冲机会，如果达人在直播中出错，或者忽然断播，可以在开播或断播的 5 分钟内重新开播，不算任务失败。如果超过了 5 分钟，达人可以申请补播，具体的补播规则如图 2-49 所示。

> **一、补播规则**
>
> - 达人有5分钟测试机会，自达人第一次开始直播时起，5分钟内可多次按照原流程重新开播
> - 直播中途如有断播情况，断播 5 分钟内，达人可按原流程重新开播
> - 如直播超过了 5 分钟后达人有重新开播需求，可向平台发起申请（在任务详情中点击"申请补播"），每个任务下仅有一次申请机会，且仅在客户也同意重新开播的情况下补播申请才可能予以通过，请达人提前做好准备和安排
> - 目前仅有品牌推广任务支持补播申请

图 2-49　补播规则

如果达人想申请补播，需要准备哪些材料呢？图 2-50 所示为不同场景下申请补播时需要的材料。

> **二、支持场景及所需材料**
>
> 当有补播需求时，需说明申请原因并提供有效证明进行申请（可参考以下材料说明），避免申请补播审核失败
> - 直播效果未达双方预期：需提供证明截图，包括但不限于 脚本（确认版本）、邮件截图、沟通截图、直播效果数据等
> - 因平台系统故障造成的无法正常直播的情况：提供系统提示截图

图 2-50　不同场景下申请补播时需要的材料

准备好材料后，达人可以在抖音 App 中进行申请，也可以在巨量星图平台的 PC（personal computer，个人计算机）端进行申请。下面介绍达人在巨量星图 PC 端申请补播的操作方法。

Step 01 在"我的星图"页面中单击"我的任务"按钮，进入相应页面，单击相应任务中的"申请补播"链接，如图 2-51 所示。

图 2-51　单击"申请补播"链接

Step 02 执行操作后，弹出"申请补播"对话框，❶填写补播理由并上传凭证截图；❷单击"确认"按钮，如图 2-52 所示，即可提交补播申请。

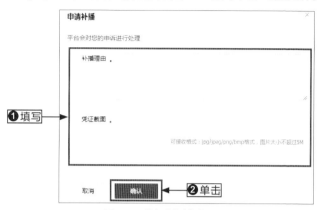

图 2-52　单击"确认"按钮

Step 03 平台会在收到申请后的一个工作日内完成审核。如果申请通过了，在任务详情中会显示"补播申请成功"，如图 2-53 所示，达人即可重新开始直播。

图 2-53　显示"补播申请成功"

Step 04 如果申请未通过，在任务详情中会显示"补播申请失败"，达人可以单击"查看"链接了解失败原因，如图 2-54 所示。

图 2-54　单击"查看"链接

2.3.5　直播 link/ 小程序组件

使用直播 link（链接）/ 小程序组件可以帮助达人更好地完成任务，但在使用组件前达人要了解组件是什么，什么情况下可以使用组件，组件的介绍和展示条件如图 2-55 所示。

> **1、组件介绍**
>
> 支持达人在直播时挂接组件，以帮助客户在达人直播间中实现转化诉求
>
> **2、组件展示条件**
>
> 达人与客户合作的带有组件的直播任务，直播间展示组件，必须满足如下三点：
> * 客户在给达人下单时在视频附加组件位置添加对应组件
> * 达人关联星图任务开播，组件自动挂接（若需要展示直播卡片，需达人手动操作）
> * 开播手机的抖音版本在 12.1.0 或以上，否则将无法正常挂接组件

图 2-55　组件的介绍和展示条件

只要客户在发布任务时添加了相应组件，达人开播时组件就会自动挂接，无须达人进行任何操作。不过，在直播过程中达人可以根据需求对组件进行管理，如展示、替换或下架组件。

2.3.6　直播伴侣挂组件

直播伴侣挂组件也是达人完成直播任务时可能会用到的工具，下面介绍使用直播伴侣挂组件的操作方法。

Step 01 点击抖音 App 的"开直播"界面上方的"电脑"按钮，如图 2-56 所示。

Step 02 执行操作后，进入相应界面，这里展示了直播伴侣挂组件的使用条件和两种下载方式，达人如果满足条件，可以任选一种方式进行下载，如点击"点击复制"按钮，如图 2-57 所示，即可复制网址。

Step 03 在 PC 端浏览器中粘贴并搜索复制的网址，根据提示完成下载和安装后，进入"选择你要直播的平台"页面，单击相应的平台按钮即可进入该平台的登录页面，如单击"抖音"按钮，如图 2-58 所示，即可进入抖音扫码登录页面。

图 2-56　点击"电脑"按钮

图 2-57　点击"点击复制"按钮

图 2-58　单击"抖音"按钮

Step 04 完成登录后，会弹出"星图任务"对话框，如图 2-59 所示。达人可以查看直播任务的详情，还可以前往星图中控台对组件进行管理。

需要注意的是，直播伴侣挂组件也需要客户在发布任务时将其添加到任务中，否则达人在直播时无法使用该组件。此外，直播间展示的组件会有一定的冻结时间，如图 2-60 所示，冻结时间结束后才可以对组件进行相关操作。

图 2-59　弹出"星图任务"对话框

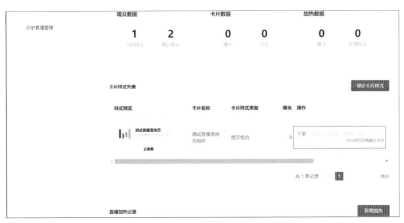

图 2-60　组件的冻结时间

2.3.7　立即评价 / 管理评价

达人可以对完成的任务进行评价，也可以对已发表的评论进行管理，下面介绍具体的操作方法。

Step 01　在"我的任务"页面中，单击相应任务所在的位置，如图 2-61 所示。

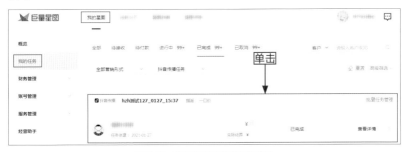

图 2-61　单击相应任务所在的位置

Step 02　执行操作后，进入任务详情页面，单击"立即评价"按钮，如图 2-62 所示，即可弹出"发布评价"对话框。

Step 03　在"发布评价"对话框中，达人可以对客户的综合表现与合作过程进行评价，如图 2-63 所示，单击"发布评价"按钮即可完成评价。

图 2-62　单击"立即评价"按钮

图 2-63　达人进行评价

Step 04 达人如果想查看或管理发布的评价，可以在任务详情页面单击"评论管理"链接，进入"评论管理"页面，如图 2-64 所示，达人可以选择删除、置顶或回复评价。

图 2-64　进入"评论管理"页面

达人在进行评价或管理评论时可能会有一些疑惑，平台特意准备了一些关于评价常见问题的解答，帮助达人解惑，如图 2-65 所示。

三、常见问题

1、评论相关

Q1、视频评论信息是否实时抓取？
　是的

Q2、MCN可以替代达人操作管理评论吗？
　不可以，需要达人自己操作

Q3、可以置顶几条评论？
　只能单条，如果先置顶了A评论，在置顶B评论，B会把A替换下来

2、评价相关

Q1、什么时候可以进行任务评价？
　任务状态为"已完成"才可以评价

Q2、是否可以修改评价内容？
　提交后评价内容不可修改

Q3、谁可以查看评价内容？
　被评价方、外界第三方均不可见；只有评价方以及平台内部人员（仅用于评价信息收集）可见

图 2-65　关于评价的常见问题

Chapter 03

审核：
保证内容合规

　　巨量星图支持的任务类型涉及不同的客户端和行业，因此平台特意发布了众多具有针对性的文档来保证任务内容的规范性和高质量。本章主要介绍巨量星图平台的内容审核规范、组件审核规范以及达人管理技巧。

3.1 内容审核：避免内容违规

由于达人主要是通过创作符合要求的内容来完成任务，因此要特别注意巨量星图平台的内容审核规范，避免因内容违规导致作品无法通过审核或被限制推荐范围。本节介绍巨量星图平台的整体限制行业和不同客户端的内容制作规范。

3.1.1 整体限制行业

达人完成巨量星图任务的过程就是为商家和商品制作广告内容的过程，为了避免出现不良的广告内容，巨量星图平台采取了多种措施对商家发布的任务和达人制作的内容进行管理，限制商品行业就是其中的一种。

有些行业和商品不适合进行宣传，还有些行业和商品甚至涉嫌违规、违法，巨量星图对这些行业和商品实行整体限制，禁止它们出现在平台的任务中，避免造成不良影响或导致更严重的后果。

被整体限制的行业和商品多达 30 多种，包括带有不良暗示性的交友类软件、金融行业、众筹行业、违法集邮票品、武器类、危险物品类、高危安防设备、警用和军用设备、管制刀具、国家保护野生动植物等，达人和商家都要注意行业包含的具体商品。例如，侵犯他人知识产权的产品，具体如图 3-1 所示。

- 侵犯商标、专利的商品：各种假冒、山寨产品等
- 侵犯版权的商品：侵权影视剧、综艺节目、软件程序、网站等
- 私服外挂：私服是指未经权利人授权，非法获得服务器端安装程序之后设立网络服务器。外挂是指利用电脑技术针对一个或多个网络游戏，通过改变软件的部分程序制作而成的作弊程序
- 其他：如未经授权销售其他厂商游戏装备、冒充其他游戏官网等设立钓鱼网站等

图 3-1 侵犯他人知识产权的产品

3.1.2 抖音短视频内容制作规范

巨量星图平台的抖音短视频内容审核底线对齐抖音社区规范，并在《抖音创作者内容规范》和抖音社区自律公约的基础上再针对行业、场景做出了相应规范，制定成《抖音短视频内容制作规范》供达人和客户

进行了解。该规范一共有 4 部分的内容，第一部分的内容是星图平台的内容审核规则。达人在创作过程中要注意避免出现包含低俗色情、不良导向、低质营销或危险行为的内容，否则创作的视频不会通过审核。

第二部分的内容是客户推广的注意事项。客户在进行推广前最好先上传相应的商品资质证明，完成行业资质认证，避免在后续的视频上传和投放过程中再补充认证材料。

客户在进行行业资质认证时，要根据推广的商品上传相应的资料。例如，客户推广的商品是国产的普通化妆品，那就需要准备《化妆品生产许可证》、代生产合同或经销证明、国产非特殊用途化妆品食药监查询的截图以及化妆品外包装图片；如果涉及进口的普通化妆品，除了前面提到的资料外，客户还需要提供《进口（非）特殊用途化妆品备案凭证或进口非特殊用途化妆品备案电子信息凭证》。

第三部分的内容是内容细化场景下需注意的事项，如图 3-2 所示。所谓内容细化场景指的是达人制作的视频内容中出现的场景，从图 3-2 中可以看到有 7 种类型的视频内容是被禁止出现的。

类型	规则
色情低俗	• 不得出现低俗演绎内容（画面、行为、着装、物品等） ◦ 涉及交友、互动的推广内容禁大尺度、禁身体部位过度暴露、禁内涵、暧昧等低俗导向内容
危险行为	• 不得出现易导致危险结果的行为或物品，包括但不限于：危险驾驶、有安全隐患的动作、未成年人的危险行为、导致人受到伤害的危险玩具等
政策法规	• 不得涉及泄露个人隐私及其他危害人身/财产安全的元素（手机号、具体地址、微信号、二维码等） • 不得涉及违法违规行为/物品，包括但不限于：赌博、封建迷信、邪教组织、反动组织、毒品、攻击器械（如：管制刀具）等 • 不得使用或者变相使用中华人民共和国的国旗、国歌、国徽，军旗、军歌、军徽等国家标志性内容进行商业推广
政治引导	• 不得涉及政治敏感信息或社会负面、时事热点事件； • 不得涉及国家领导人、公检法军、国家工作人员及政治名人、革命烈士、国家机关单位、国家政策等
公序良俗	• 不得涉及不良习惯、不文明行为及不正确价值观导向等有违社会良好风尚内容 ◦ 如：彩票相关、出轨、家暴、炫富、歧视、引战、抽烟、脏话、整蛊、恶搞、虐待等 • 不得涉及危害未成年身心成长健康的内容 ◦ 如：未成年不当行为（未成年打游戏/化妆/校园暴力/邪典动漫等）
内容质量	• 不得涉及诱导诱骗用户互动的行为（诱骗用户使用虚假功能、诱骗用户完播、道德绑架他人点赞/关注/评论转发等） • 不得涉及非原创、无创作的素材引用（搬运他人内容、非本人素材简单加工等） • 不得出现格式问题/音画不同步/卡帧/无声等其他影响播放问题
引人不适	• 不得涉及易引起用户不适（血腥恐怖、负面情绪等）的相关内容元素

图 3-2　内容细化场景下需注意的事项

第四部分的内容是内容营销行为细化场景下需注意的事项，包括达人通过视频内容进行产品营销时不能出现和违背的行为与规则，具体如图 3-3 所示。

类型	规则

营销类字幕	不得出现促销具体活动内容的字幕：
	• 如详细打折信息、买送信息、满减信息、领券优惠信息等
	  例：满几件打七折
	• 不得出现引导用户至非推广平台的其他第三方平台的字幕：
	  • 出现具体产品的搜索框、以贴片等后期形式植入

未成年的商业内容	• 未成年人参与拍摄巨量星图视频不可单独出镜，必须要有超过 1/2 的时间成年人陪同出镜 • 未成年人不能直接分享及推广产品内容 • 未成年人可以使用商业化贴纸，但需符合其他出镜规范 • 如未成年人需要成年人陪同使用商业化贴纸，未成年人不得单独出境使用商业化贴纸 • 未成年人（形象）不得参与推广美妆、游戏、酒水、医疗、OTC 药品、医疗器械、皮草等高风险行业 • 对于不满十四周岁的未成年人参与拍摄的巨量星图视频，不得含有劝导家长购买推广产品/服务的行为，或者可能引发其模仿不安全行为的内容 • 未成年人作为视频参与者，不可作为商品代言人出现

虚假宣传	• 禁止推广内容涉及 "一元购、一元抢、一元买、夺宝、众筹" 等内容
	• 禁止站内抽奖活动，口播、标题、视频中均不可涉及以点赞、转发、评论等方式进行的抽奖、赢奖品、送红包、送实物奖品等活动
	  • 允许推广外站的抽奖活动，但需提供活动真实性证明，且最高奖的金额不得超过 5w 元（含商品价值）
	• 禁止出现面向产品的绝对化用语：最好、第一、唯一、全网最 XX 等
	• 禁止出现无法考证的话术：100%、国家级、世界级、纯天然、纯植物提取、知名机构认证、最新创造、最新发明、无副作用等
	• 禁止保证产品功效/服务效果：禁止向用户保证产品功效及相关服务的收益及效果
	  • 保证使用效果：使用三天皮肤参白三度、15 天痘痘不见了
	  • 保证收益：投资一个月豪掉回本、学习本课程可以月入过万、做一天/月/年赚多少钱
	    • 豁免：客观描述情、行价格、单价，非保证一定时间段取得具体收益
	• 禁止以专家推荐、相关领域或专业人士形象/名号为噱头误导用户
	  • 如：专家推荐、医生推荐、母婴师等
	• 认证信息为医生、医疗等医疗专业机构的账号，禁止进行医疗保健相关商品或服务的投放
	• 禁止通过贬低其他生产经营者的商品或服务，来达成推广自家产品的效果
	  • 踩一捧一或踩多捧一

版权 & 侵权限制	• 禁止使用未授权的第三方内容：名字、logo、形象、图片、文字、音视频素材、创意等 • 禁止使用未授权的影视剧、综艺片段等素材，提供授权可投放 • 禁止搬运站内外视频 • 禁止使用 A 游戏类素材推广 B 游戏
客观真实	• 视频内容提及具体明星代言/使用/推荐/同款，具体达人网红使用/推荐/同款，需提供明星授权 • 视频内容明确提及与联名款，需提供联名 IP 授权 • 视频内容推广产品涉及 "获得奖项"、"背书" 等，需提供相关资质或授权证明；涉及 "专利" 等，需提供相关资质或授权证明的同时标明专利号和专利种类 • 如：产品独家专利、专利成分/独家成分、获得具体奖项，上过 XX 杂志/榜单、XX 协会/技术认证等；独家技术/专研的、专门研究的 XX • 视频内容涉及抽奖活动、瓜分现金/金豪活动、玩游戏领现金/领实物，某平台抽取皮肤/抽取点券，需提供真实性证明
低质营销 & 诱导	• 不可长时间主展示商品/产品包装、品牌 logo、app 界面、引流营销字幕等 • 产品推广部分应与视频主要内容有一定承接转折，禁止通过后期剪切方式进行生硬植入 • 直播预告内容：禁止全程推广产品、推广促销活动。需要有一定的剧情内容植入 • 不可出现联系方式、微信号、二维码、链接等诱导用户跳转的信息元素 • 推广内容不得涉及半永久、祛痘、整容整形等隐含动刀性质的医美类内容（禁入）

图 3-3 内容营销行为细化场景下需注意的事项

达人在创作视频脚本和拍摄视频内容时，要了解审核规则和不同场景下的注意事项，避免视频内容违规。客户除了了解行业资质认证的内容外，最好也了解一些关于内容创作的注意事项，以便与达人进行沟通，帮助达人制作出合规的视频。

3.1.3 今日头条内容创作规范

巨量星图平台发布了《今日头条内容创作规范》，以此对今日头条端的任务内容进行管控。《今日头条内容创作规范》向达人介绍了11种不符合规范的内容、巨量星图接单权限关闭的规则和3条创作营销内容的原则，可以帮助达人更好地创作出符合规范和营销任务要求的内容。

1．不符合规范的内容

为了避免达人创作的内容不符合规范，巨量星图平台特意将不符合创作规范的11种内容进行总结展示，包括违规推广、无资质发布专业领域内容、夹带风险广告信息、虚假营销、故事诱导推广、标题党、内容低质、不符合电商内容创作规范、不符合酒类内容创作规范、流量作弊以及其他不符合《今日头条社区规范》的内容。达人要认真了解和学习，避免因违规而导致内容无法通过审核或被限制推荐范围，影响任务的完成。

2．接单权限关闭规则

今日头条端的达人账号并不是完成入驻并开通任务后就一直可以接收任务，账号的接单权限也有可能会因为账号不再满足入驻要求或出现违规行为而被关闭，这种情况只能等账号重新达到入驻标准后，再由平台进行恢复。

具体来说，除了账号不再满足入驻要求中的任意一条外，当账号发布了低质违规内容或严重违反了巨量星图平台服务协议时，也会被关闭接单权限。严重违反平台协议的行为包括刷粉、刷播放量或互动量、未按约定提供相对应的服务等，因此达人要认真了解《今日头条内容创作规范》和平台服务协议，避免无法接收任务。

3．创作营销内容的原则

如何才能创造出合规且效果好的营销内容呢？巨量星图平台提供了 3 条营销内容的创作原则，可以帮助达人更好地完成任务。

第一条，平台鼓励创作优质、原创、有价值的内容。优质的内容能获得更多观众的关注和喜爱；原创的内容本身带有新意，并且也没有侵权的担忧；有价值的内容分为两种，一种是有实用价值的内容，能帮助观众解决问题，另一种是有娱乐价值的内容，能让观众获得快乐。达人在创作营销内容时可以记住这 3 个要点，努力提高内容质量。

第二条，内容要遵守内容营销创作管理规范，即达人要避免创作出不符合规范的内容。

第三条，提高账号质量。高质量的账号能收获更多的关注，营销效果也会入手。想提高账号质量，达人可以从账号内容和任务内容两个方面入手。在账号内容方面，除了发布营销内容外，达人也要发布一些优质的非营销内容，促使账号更活跃；但不要发布一些无意义或过度夸张的内容，避免引起观众的反感。在任务内容方面，达人在接收任务时也要根据账号属性进行选择，尽量挑选和账号属性相关性高的任务，来保持账号的垂直度和内容的专业性。

3.1.4　西瓜视频内容规范

在完成西瓜视频任务时，达人也要了解巨量星图平台发布的《西瓜视频内容规范》，以便提升视频的创作质量。

《西瓜视频内容规范》对社区内容、审核规范和达人行为做出了规定和说明。社区内容规范主要包括各种禁止在社区出现的内容，这些内容会造成负面影响，甚至违规违法，自然不能被推广。

该规范还指出了 5 种限制出现的内容，包括联系方式、低质营销、恶性引导／诱导、未成年代言人和虚假宣传，如果达人创作的内容出现其中一种，将不会通过审核，也就不能发布了。

达人在创作内容的过程中，要避免出现侵权行为，如抄袭他人的原创内容、未经授权使用产品信息等，巨量星图平台会根据侵权行为对达人和账号采取相应的处理措施。另外，达人在进行日常账号运营或视频发布后，不能通过刷粉行为来美化账号数据和任务完成情况，平台是禁止这种行为的，一经发现就会对账号进行严厉处理。

3.1.5 火山视频内容规范

由于目前抖音火山版客户端实行邀请入驻的制度，所以该平台的达人不能随意入驻巨量星图平台并接收相应任务，不过已经成功入驻的达人还是需要注意《火山视频内容规范》，避免创作的内容违规。

在《火山视频内容规范》中，达人可以了解相关社区规范、内容限制元素以及视频和商品相关性的要求。其中，巨量星图平台规定的限制元素包括联系方式、站外导流、招揽信息、恶性引导、低质营销、未成年代言人以及虚假宣传 7 种内容，达人在内容创作和检查时要注意避开这些元素。

另外，视频和商品的相关性指的是推广商品的视频内容要体现对应商品，平台对二者相关性的展示内容做出了具体说明，如果达人创作的视频不符合这些条件中的任意一项，可能会被要求下架商品。视频和商品相关性的要求具体如下。

❖ 商品在视频中出现。商品作为道具、背景或介绍对象在视频中进行展示。

❖ 商品是视频人物或画面的衍生产品。例如，视频中出现了动漫人物，可以将动漫人物的周边产品作为商品。

❖ 视频中提及商品或商品信息。如对商品的优缺点进行介绍。

❖ 视频对商品产生的效果进行了展示。例如，商品为某相机，视频内容则为该相机拍摄出的画面。

3.1.6　抖音直播内容＆行为规范

　　巨量星图平台对抖音和抖音火山版的直播内容制定了《抖音直播内容＆行为规范》，对主播在直播中的行为进行约束，保证为用户提供一个健康、文明的直播和互动环境。平台将违规行为划分为 3 个级别，分别是一级（严重违规）、二级（中等违规）以及三级（一般违规），并针对不同的违规级别制定了相应的处罚措施。

　　例如，一级（严重违规）行为如图 3-4 所示，如果主播在直播过程中出现了图 3-4 中列出的行为，巨量星图平台将永久封禁主播账号或永久封禁开播，并保存相关违规、违法资料。因此，主播在直播前要仔细了解该规范，避免在直播中出现违规行为。

反对宪法所规定的基本原则的
- 危害国家安全，泄露国家秘密，颠覆国家政权，破坏国家统一的、出现涉军事秘密和军警制类信息，或穿着国家公职人员制服直播的
- 损害国家荣誉和利益的，或调侃革命英烈、革命历史
- 煽动民族仇恨、民族歧视，破坏民族团结的
- 破坏国家宗教政策，宣扬邪教和封建迷信的
- 散布谣言，扰乱社会秩序，破坏社会稳定的、妄议国家大政方针、炒作社会敏感话题的
- 散布淫秽、色情、赌博、暴力、凶杀、恐怖或教唆犯罪的，包括但不限于：
  - 血腥暴力内容，虐待小动物等，捕杀国家保护动物
  - 与赌博或涉嫌赌博有关的任何活动，以及宣传赌博网站
  - 危害自己或他人安全，包括：血腥自虐、自残、自杀、殴打他人、威胁他人生命安全
  - 展示管制刀具、枪支（包括仿真枪）、毒品等违禁物品，表演或介绍吸毒过程、违禁物品制作过程与方法
- 侮辱或诽谤他人，侵害他人合法权益的
- 含有法律、行政法规禁止的其他内容的、组织、宣传、诱导用户加入传销（或有传销嫌疑）机构的
- 未成年人直播、冒充官方、非本人实名认证开播

图 3-4　一级（严重违规）行为

3.1.7　西瓜直播行为规范

　　巨量星图平台发布的《西瓜直播行为规范》针对西瓜视频直播的封面、违规行为和相应处罚等方面做出了规定，对主播的直播行为进行了规范。

　　对于直播封面，平台要求主播在开播前设置横版封面，宽高比最好为 16∶9，如果不符合规范，系统会提示"封面错误"。此外，巨量星图平台也将违规行为分为了一级（严重违规）、二级（中等违规）和三级（一般违规），并设置了不同违规级别对应的处罚措施。主播

最好在直播前设置并检查封面，确保符合要求，并主动了解和规避违规行为，以确保完成一场合规的直播。

3.1.8 直播电商禁售类目

达人可以通过承接直播任务帮助商家销售商品，但是有部分商品是被禁止在直播中进行售卖的，因此达人需要了解巨量星图平台发布的《直播电商禁售类目》，避免售卖违规商品。

平台规定的直播禁售商品类目一共有 19 个，包括医疗类、成人用品类、投资和金融类、公益类、安防工具类、违禁工艺品和收藏品类、违法书刊和影视剧类、高仿产品类、殡葬行业类、烟草制品类、妨害正常秩序产品类、危险物品类、三无产品类、宗教类、其他非法产品类、虚拟类、封建迷信类、不符合平台形象的商品类以及高危商品类。图 3-5 所示为妨害正常秩序产品类商品的具体内容。

- 妨害交通安全秩序的产品
  - 如汽车反雷达测速仪、电子狗、汽车隐性喷雾、卷帘式车牌架、雷达干扰器、牌照遮盖设备、交通信号灯变换器等相关产品
- 非法接入信号产品
  - 侵犯商标、专利的商品：各种假冒、山寨产品等
  - 侵犯版权的商品：侵权影视剧、综艺节目、软件程序、网站等
  - 私服外挂：私服是指未经权利人授权，非法获得服务器端安装程序之后设立
- 侵犯他人隐私的器材
- 窃听器、偷拍机、针孔摄像、信息拦截（传真拦截、短信拦截、电话拦截）等可能侵犯他人隐私的违规器材
- 侵犯他人个人信息的产品，包括但不限于直接提供他人手机号码、电子邮箱地址等个人信息，以及提供用于收集、盗取他人信息的软件、产品等（比如钓鱼网站）
- 窃取他人财产权益的产品
  - 偷电设备
  - 蹭网卡、蹭网器、拨号器等
  - 翻墙软件及vpn代理服务
  - 黑产相关（刷粉，刷赞，买评论，热搜，开通长视频，直播权限等）
  - 存在扣费项目不明确、恶意扣费、暗设扣费程序等任何损害用户权益的情况，或含有盗号、窃取密码等恶意程序的产品
  - 其他：诈骗网站
- 其他
  - 介绍汽车解码器、万能钥匙、麻醉专用药等各种可用于犯罪技术
  - pua教程

图 3-5　妨害正常秩序产品类商品的具体内容

3.2 组件审核：了解使用规范

除了创作视频内容或进行直播外，达人还可以借助一些组件来完成巨量星图任务。巨量星图平台针对不同的组件和行业制定了不同的

规范，达人需要根据任务要求了解不同组件或不同行业的审核规范，避免因为组件违规而影响任务的完成。

3.2.1　落地页组件使用规范

落地页又称"着陆页"和"引导页"，是指用户点击营销内容中的链接后跳转至的第一个页面。如果达人承接的任务需要设置落地页，那么达人就要先了解《落地页组件使用规范》。

《落地页组件使用规范》对落地页的内容相关性和文案做出了要求。在相关性方面，巨量星图平台要求视频、文案和链接三者要有强相关性，即视频、文案和链接展示与涉及的内容要有关联，且对象要一致。例如，视频内容是介绍某品牌的新款手机，文案就应该体现手机品牌、型号等信息，而链接则要满足用户点击后跳转至该手机的售卖界面或产品信息界面。

在文案方面，平台要求不得出现违反相关法律法规、存在安全风险、内容不相符或严重失实、有错别字、自己造词、与未成年人有关的内容。结合相关性的要求，达人在撰写文案时要坚持真实严谨、遵纪守法、高相关性的原则，避免出现违规内容。

3.2.2　抖音购物车的商品分享规范

如果达人承接的任务需要借助抖音购物车或抖音火山版购物车来完成，那么达人就要先了解巨量星图平台关于抖音购物车的商品分享规范。具体来说，平台针对抖音禁止分享的商品、抖音购物车商品信息的发布、抖音购物车一般商品的内容发布以及抖音购物车特殊行业的内容发布做出了规范，致力于为用户打造一个绿色健康的购物车分享环境。

达人要重点注意抖音禁止分享的商品、抖音购物车一般商品内容发布规范和抖音购物车特殊行业内容发布规范这 3 个内容，避免在发布内容时违规。其中，抖音禁止分享的商品目录会在 3.2.3 节中进行详细介绍，这里主要介绍后面两种规范的内容。

抖音购物车一般商品内容发布的规范有 7 点，分别是禁止发布侵权内容、禁止发布垃圾广告和其他不良信息、禁止各种作弊行为、禁止违反抖音用户商业推广行为规范、禁止引导非法交易行为、禁止无资质发布专业领域内容以及其他抖音平台规定的禁止项。

抖音购物车特殊行业内容发布规范则对美妆、普通食品、酒品、生鲜和教育培训 5 个行业的视频内容做出了要求，当达人的视频购物车中有这些行业的商品时，就要对视频内容进行检查，避免出现违规内容。图 3-6 所示为达人发布普通食品行业视频时需要遵循的规则。

- 所售食品各类信息，包括但不限于产品的包装、规格、产地及加工地等应与抖音用户在视频中所分享的产品一致
- 抖音用户不得通过平台分享、展示、售卖过期及变质食品
- 抖音用户不得在视频中表述出该商品为：自家产／无类似信息（包括但不限于口播、标题、视频字幕等）；除非该商品符合国家法律法规要求的可自行生产的类目，符合平台要求，同时向平台提供相关承诺及材料证明相关商品确实由其生产的除外
- 禁止出现与药品相混的用语，不得直接或间接地宣传治疗作用，也不得暗宣传某些成分的作用明示或暗示该食品的治疗作用
- 对于婴幼儿乳制品，不得明示或者暗示可以替代母乳
- 不得利用医疗机构、医生、专家、消费者的名义或者形象作证明；视频中涉及特定功能的，不得利用专家、消费者的名义或者形象做证明
- 普通食品购物车视频不得宣传保健功能，也不得暗宣传某些成分的作用明示或暗示保健功能
- 普通食品不得宣传含有新资源食品中的成分或者特殊营养成分

图 3-6 达人发布普通食品行业视频时需要遵循的规则

3.2.3 抖音平台禁止分享的商品目录

《抖音平台禁止分享商品目录》作为《抖音购物车：商品分享规范》的补充内容，对禁止发布的商品品类、分享违规商品的情形和处理措施进行了介绍，达人要认真了解，避免因分享违规商品或信息而受到处罚。

平台禁止发布的商品品类一共有 22 种，包括军火武器类、国家机关相关用品类、管制器具类、易燃易爆等危险物品类、毒品及相关工具类、破坏社会稳定的有害信息类、暴力低俗类、博彩商品及服务类、侵犯他人隐私的相关商品及服务类、医疗器械及特妆类、与人类健康相关的商品及服务类等，每个品类还列出了具体商品或服务使用的情形，达人可以进行对照检查。

为了确保违规行为得到有效处理，平台将违规场景分为了Ⅰ～Ⅲ类，又将不同违规场景的违规情节分为情节一般、情节严重和情节特

别严重 3 种情形，根据违规情形和违规次数对达人或商家进行不同程度的处罚。图 3-7 所示为 3 种违规情节的说明。

情节一般：商家首次因发布禁售商品/信息被处罚，且未对平台造成重大影响的情形

情节严重：商家首次因发布禁售商品/信息被处罚，对平台或人身造成重大影响的情形

情节特别严重：商家多次发布禁售商品/信息，当次违规情形量级较大，存在虚假宣传等侵害消费者权益的行为，或造成人身伤亡等极其严重的后果及引发恶劣影响等的情形

图 3-7　3 种违规情节的说明

3.2.4　化妆品行业商品分享管理办法

如果达人承接的任务属于化妆品行业，那么就需要查看巨量星图平台发布的《化妆品行业商品分享管理办法》，了解化妆品的定义、用途和内容发布规范，以免在分享商品和制作内容时出现违规情形。

用户购买化妆品时考虑的第一因素就是化妆品的效果，如购买育发化妆品时，用户首先考虑的就是它能不能减少脱发，甚至能不能刺激毛发生长。如果达人在宣传化妆品商品时夸大它的效果，或对商品效果做出了承诺，用户就很容易会觉得商品很有用而下单。

但是，化妆品的效果是因人而异的，任何人都不能保证用户用了化妆品就一定可以获得某种效果，夸大商品效果或对商品效果做出承诺都是误导用户的营销行为。

为了避免用户被欺骗或被误导，《化妆品行业商品分享管理办法》要求达人在发布相关内容时要做到 4 个"不得"，即不得涉及效果保证或承诺，不得超范围宣传，不得贬低第三方及第三方商品，不得涉及无法核实的数据和信息。图 3-8 所示为不得涉及无法核实的数据和信息的具体内容。

1) 生产研发及效果相关：

- 不得借用研发团队、生产线、销售渠道或其他非成分相关的因素，宣传两个商品/品牌之间存在某种替代关系。
- 不得借用其他知名度相对较高、品牌影响力相对较大的商品/品牌，与当前所分享商品的市场地位、或商品效果进行混淆，致使其他用户对当前所分享商品的效果产生不实认知。
- 若存在介绍两款以上商品成分相同或差异的情形，不得将产品的功能归集到对比产品相同的成分的一种或某几种。
- 其他容易误导消费者用户的宣传/暗示可替代大牌品牌的情形。

2) 专利及具体数据相关：

- 宣传涉及专利、荣誉、销量、效果指数等内容时，需同时明确相应的专利号、数据来源、质检资质报告等等，或以上数据在第三方商品详情页公开可查。

图 3-8　不得涉及无法核实的数据和信息的具体内容

3.2.5 直播平台商品分享社区规范

为了加强对直播平台内容的管理，巨量星图平台还发布了《直播平台商品分享社区规范》，对直播商品的禁止分享类目、信息发布规范、一般内容规范、特殊行业内容规范和相关的法律责任以及违规处罚进行了介绍。

其中，《直播商品分享一般内容规范》对主播发布的内容做出了要求，包括禁止发布侵权内容、禁止发布垃圾广告和其他不良信息、禁止各种作弊行为、禁止引导非法交易、禁止商品与直播内容无相关性、禁止无资质发布专业领域内容、禁止违法主播分享行为规范以及其他禁止项。图 3-9 所示为作弊行为的具体内容。

- 违规获取流量：主播不得以任何手段、任何渠道获取虚假流量，如通过刷单、炒作等形式，对直播的赞、评论、分享等数据造假或作弊，（包括但不限于粉丝数量、分享效果数据等）或通过其他不正当方式，干扰平台正常运行秩序，或谋取不正当利益的行为；
- 诱导欺骗用户：诱导/欺骗用户对直播进行点赞、收藏、分享，或对账号进行关注（如谎称“关注就能领红包”等）；
- 提供虚假信息：包括但不限于主播在准入申请、活动报名、违规申诉等环节向平台提供不真实的证明材料；
- 批量发布重复/低质内容：滥用产品功能进行作弊行为，包括但不限于出现批量发布重复/无意义的低质内容影响平台秩序、破坏平台规则及损害他人权益的行为；
- 宣传其他直播平台（拉粉丝等行为）并贬低本平台；
- 其他作弊行为。

图 3-9　作弊行为的具体内容

3.2.6 短视频挂载能力规范

短视频挂载是指达人在视频界面中放置小程序链接，用户点击链接即可进入相应的小程序界面进行访问。为了更好地对短视频挂载进行管理，巨量星图平台发布了《短视频挂载能力规范》，对锚点（一种网页制作中的超链接）挂载相关性要求、锚点文案、锚点落地页和视频质量做出了要求。如果达人有短视频挂载的需求，就要认真了解相关内容。

在锚点挂载的相关性方面，达人要避免锚点文案与落地页不相关，更要避免视频、锚点文案和落地页三者不相关，尤其视频的画面、音频及字幕都要与文案、落地页有强相关性，否则平台可能会将锚点进行解绑。

在锚点文案方面，达人要避免文案中出现涉政违法、色情低俗、营销、夸张诱导和低质等情况，否则会被拦截或退回。

在锚点落地页方面，达人要避免小程序落地页存在功能问题、营销推广行为、诱导分享行为及其他不符合平台规范的内容，否则巨量星图平台会对小程序进行处理。

在视频质量方面，达人不能为了挂载锚点而随意制作视频，导致视频粗制滥造或引起用户的不适。视频内容也不能出现诱导用户进行点赞、分享的画面，否则有骗互动的嫌疑。

3.2.7 视频投放广告审核规范

如果任务要求达人在视频中投放广告，那么达人就需要先了解巨量星图平台发布的《视频投放广告审核规范》，避免广告投放失败。

《视频投放广告审核规范》主要对房产、旅游服务、教育、化妆品、工艺品、纪念币、集邮票品、电商平台、网络游戏、法律服务、食品酒水、手机数码、金融、招商加盟、人力资源、生活美容、小说、种子类、任务赚钱类以及视力矫正类这 20 个行业的广告审核规范进行了介绍，还列举了 31 个法律法规禁止接入的行业和 22 个巨量引擎禁止推广的行业，从而全方位帮助达人顺利完成广告投放。图 3-10 所示为旅游服务行业的广告审核规范。

1.发布旅游服务广告的应是具有旅游服务经营资格的旅行社，其他任何单位和个人不得擅自经营旅游业务或者变相发布旅游服务广告
2.旅行社应当严格按照旅游行政管理部门、市场监管部门许可服务项目和核定的经营范围发布广告。旅行社服务网点不得以自己的名义制作、发布旅游服务广告
3.广告内容应当真实、合法，涉及的旅行社名称、旅行社经营业务许可证编号、地址、联系电话、旅游线路、项目、时间、价格等服务内容，应当清楚、明白，不得误导、欺骗消费者
4.广告不得以低于接待和服务成本的报价招徕旅游者
5.广告中介绍的旅游活动不得含有违反有关法律、法规规定的内容

图 3-10 旅游服务行业的广告审核规范

3.3 达人管理：提高任务收益

巨量星图平台除了对内容审核和组件审核进行规范外，也制定了一些针对达人的管理和帮助措施来帮助达人提高任务收益，如对主播

违规行为进行处理、推出专项计划扶持优质达人以及帮助达人提升合作价值等。

3.3.1 违规治理：规范直播行为

由于直播是实时进行的，所以一旦直播中出现违规行为，就算立即关闭直播间对主播进行处罚，违规行为造成的影响却无法消除。为了尽可能地避免直播中违规行为的出现，巨量星图平台还发布了《主播口播／直播内容注意事项》，对主播口播／直播内容进行规范。

首先，主播要保证口播／直播内容与组件有关联性，即口播／直播内容与组件内容一致。例如，主播在直播中介绍了一款围巾，并引导观众前往购物车进行购买，那么购物车中就应该放置相对应的围巾商品，如果此时购物车中放置的是一款外套商品，巨量星图平台就会将购物车组件进行下架。

其次，平台禁止主播在直播中售卖高仿商品和假货，一经发现会对违规的直播间进行处罚。

除此之外，为了加强对游戏直播营销的规范，巨量星图平台还特别发布了《主播治理策略 - 游戏直播推广》，对主播治理策略的推出背景、开始执行时间、处罚措施和常见违规点进行了说明。具体的行为规范如下。

❖ 主播不能对游戏进行夸张、虚假的描述，并欺骗或引导用户下载游戏。

❖ 在直播过程中，主播不能以变现或奖励的方式诱导用户与其进行互动。

❖ 主播不能以盈利为目的高频率地引导用户下载游戏。如短时间内多次提及"点击下方链接"，利用直播间的贴纸对下载链接进行标注等。

❖ 主播要为用户提供正面、健康、优质的直播内容。

3.3.2 繁星计划：扶持潜力达人

繁星计划是由巨量星图平台发起，为达人提供平台培训、站内曝光等一系列权益的扶持项目。目前，繁星计划为邀请制，巨量星图平台会根据一定的筛选标准主动邀请有潜力的达人参与计划。当参与计划的达人账号粉丝量超过 100 万，且月均收入超过 3 万元后，达人就可以"毕业"了，"毕业"后平台会自动解除与达人的合作关系，并不再给予额外的扶持。

达人参与繁星计划后，可以获得的权益如图 3-11 所示。

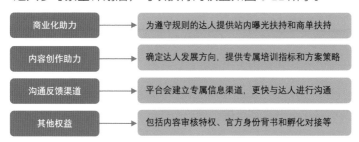

图 3-11　达人参与繁星计划后可获得的权益

当然，达人在享受权益的同时也要承担一定的义务，以避免平台投入资源的浪费。图 3-12 所示为达人参与繁星计划后需要承担的义务。

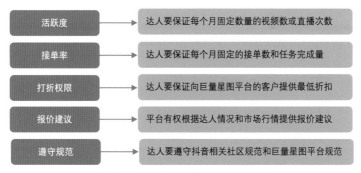

图 3-12　达人参与繁星计划后需要承担的义务

3.3.3 优选计划：获得更多商单

巨量星图平台还推出了优选计划，参与计划的达人可以获得更多的商单机会，以此来提高变现收入，还能获得平台的流量支持。

符合要求的达人会获得优选签约的定向邀请，接受邀请即可成为优选签约达人，优先接到优选派单。优选签约达人可以享受 4 项独家权益，包括商单扶持、专属通道、流量扶持和荣誉激励。

其中，商单扶持是指巨量星图平台会为达人提供优质客户订单，增加达人的任务收益；专属通道是指当达人完成优选任务时可以获得审核加速的特权和反馈渠道；流量扶持是指达人参与优选任务发布的视频有机会获得官方的流量加持；荣誉激励是指优选签约达人有机会获得专属身份标识和进入优选榜单。

同样，优选签约达人也需要履行相应的义务，如图 3-13 所示，否则达人会被平台减少甚至停止优选合作。

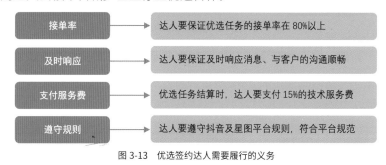

图 3-13　优选签约达人需要履行的义务

3.3.4　展现价值：承接更多任务

达人想获得更多收益，就要承接更多任务，并在完成任务的过程中不断提高自身能力。那么，如何承接更多任务，从而提高自身能力呢？达人可以首先了解客户在挑选达人时看重的要点，如图 3-14 所示，然后结合自身实际情况进行相应地提升。

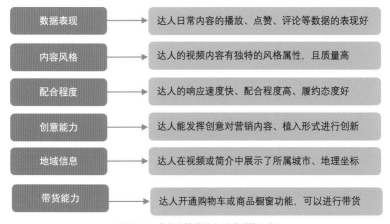

图 3-14 客户在挑选达人时看重的要点

第4章
定制：
发挥达人创意

　　创意定制虽然是巨量星图平台的一部分，但也已经成为一个独立的服务平台，入驻该平台的达人有其专属身份，并且也能通过承接任务获得收益。本章主要介绍创意定制平台的账号注册、任务管理以及财务管理。

4.1　创意定制：内容创作平台

　　达人可以自行注册创意定制平台的账号，并对账号的相关信息进行修改。本节介绍入驻创意定制平台和修改账号基础信息的操作方法。

4.1.1　入驻平台：获得专属身份

　　创意定制平台的用户被称为即合创作者，如果达人想成为即合创作者，就要先入驻该平台。下面介绍入驻该平台的操作方法。

Step 01　进入巨量星图平台，选择"选择您的身份"页面中的"达人 /创作者"选项。进入"选择您的媒体平台"页面，选择页面中的"我是即合创作者"选项，如图 4-1 所示。

图 4-1　选择"我是即合创作者"选项

Step 02　执行操作后，进入登录方式选择页面，达人可以选择用邮箱或手机登录。以手机登录为例，❶达人需要输入手机号和验证码；❷单击"登录"按钮，如图 4-2 所示。

Step 03　执行操作后，进入"创作者入驻"界面的"基础信息"板块，❶在该板块中设置相关信息；❷单击"下一步"按钮，如图 4-3 所示。

Step 04　根据系统提示，依次进行资质认证、结算收款信息填写和合同签署。完成操作后，即可进入巨量星图创意定制平台的"首页"页面，如图 4-4 所示。

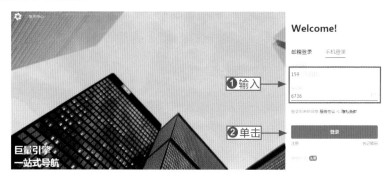

图 4-2　单击"登录"按钮

图 4-3　单击"下一步"按钮

图 4-4　巨量星图创意定制平台的"首页"页面

4.1.2　修改信息：完善达人账号

入驻成功后，达人还需要根据提示完善账号信息，其中账号的基础信息也是可以修改的，下面介绍修改账号基础信息的操作方法。

Step 01 登录巨量星图创意定制平台，将鼠标停留在账号头像上，此时会出现一个下拉面板。单击面板中的"基础信息"按钮，如图 4-5 所示。

图 4-5　单击"基础信息"按钮

Step 02 执行操作后，进入"基础信息"页面，单击要修改的信息后方的 ✎ 按钮，如图 4-6 所示。

图 4-6　单击相应按钮

Step 03 执行操作后，❶在弹出的输入框中输入相关信息；❷单击"保存"按钮，如图 4-7 所示。

Step 04 执行操作后，如果页面中出现"更新成功"的提示，就说明账号信息修改成功了，如图 4-8 所示。

图 4-7　单击"保存"按钮

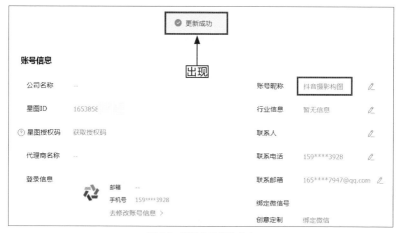

图 4-8　账号信息修改成功

4.2　任务管理：即合素材制作

达人可以通过创意定制平台完成任务，并对任务的相关信息进行管理。本节介绍开通和完成即合素材任务、发布即合服务、修改价格以及发送任务链接的操作方法。

4.2.1　开通任务：全新任务模式

即合素材制作任务是为客户提供素材的一种任务模式，达人可以通过接收任务并按要求制作素材来获得收益。具体来说，达人可以通过以下步骤开通即合素材制作任务。

Step 01 登录巨量星图平台，❶依次单击"我的星图""服务管理"和"即合服务管理"，进入"即合服务管理"页面；❷单击界面中的"申请开通"按钮，如图 4-9 所示。

图 4-9　单击"申请开通"按钮

Step 02 执行操作后，进入"协议签署"页面，阅读协议内容，单击页面下方的"下一步"按钮，如图 4-10 所示。

图 4-10　单击"下一步"按钮

Step 03 执行操作后，进入"信息补充"页面，如图 4-11 所示。达人需要在该页面中填写相关信息，然后单击页面下方的"开通任务"按钮。

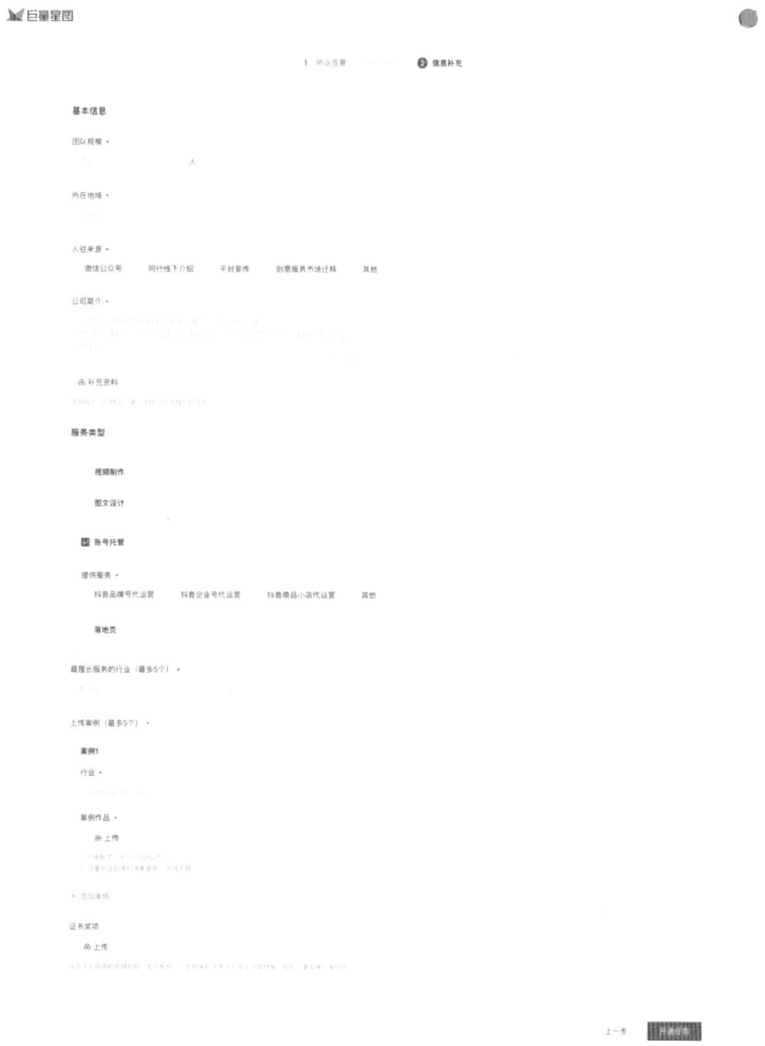

图 4-11 "信息补充"页面

Step 04 执行操作后，即可开通即合素材制作任务功能。

4.2.2 完成任务：制作广告视频

开通即合素材制作任务功能之后，达人可以通过如下步骤接收和完成对应的任务。

1. 接收任务

达人只需进入巨量星图创意定制平台，❶依次单击"我的即合"和"订单管理"，进入订单管理页面；❷单击"待接单"，筛选出待接订单；❸单击对应订单后方的"去接收"按钮，如图 4-12 所示。执行操作后，即可接收对应的任务。

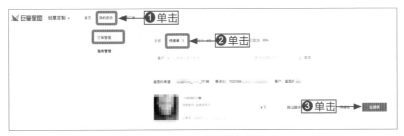

图 4-12　单击"去接收"按钮

2. 制作脚本

接收任务之后，会自动跳转至"脚本策划"页面，达人可以先按要求制作好脚本，然后单击该页面中的"上传脚本"按钮，将脚本上传至巨量星图平台。执行操作后，巨量星图平台会对达人提交的脚本进行审核。

如果页面中显示"审核未通过"，达人可以单击页面中对应的"详情"按钮，如图 4-13 所示。

图 4-13　单击"详情"按钮

执行操作后，页面中会弹出"查看脚本"面板，达人可以在该面板中查看脚本未通过审核的原因，如图 4-14 所示。

图 4-14 弹出"查看脚本"面板

了解了脚本审核未通过的原因之后，达人可以据此对脚本进行调整，然后再次上传脚本，等待脚本通过审核。

3. 上传和验收视频

脚本通过审核之后，达人便可以上传和验收视频了。具体来说，达人可以通过如下步骤上传和验收视频。

Step 01 脚本通过审核之后，会自动跳转至"视频制作"页面，单击"上传视频"按钮，如图 4-15 所示。

图 4-15 单击"上传视频"按钮

Step 02 执行操作后，进入"请上传并提交视频"板块，❶选中对应视频前方的复选框；❷单击"提交验收"按钮，如图 4-16 所示。

Step 03 执行操作后，即可等待平台的审核结果。如果页面中显示"审核未通过"，可以单击对应的"详情"按钮，如图 4-17 所示。

图 4-16 单击"提交验收"按钮

图 4-17 单击"详情"按钮

Step 04 执行操作后，即可在弹出的"查看视频"面板中查看视频未通过审核的原因，如图 4-18 所示。

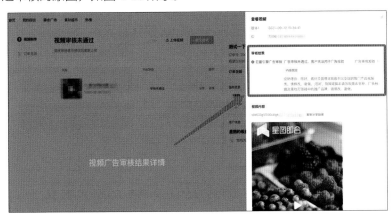

图 4-18 查看视频未通过审核的原因

Step 05 根据未通过审核的原因对视频进行调整，并重新上传视频，直至视频通过审核。

4．任务完成

视频通过审核之后，会自动跳转至"投放"页面，如果页面中显示"视频投放中"，可以单击"数据"按钮查看视频的相关数据，如图4-19所示。

图 4-19　单击"数据"按钮

执行操作后，进入"视频信息"页面，达人可以在该页面中查看视频的相关数据，如图 4-20 所示。

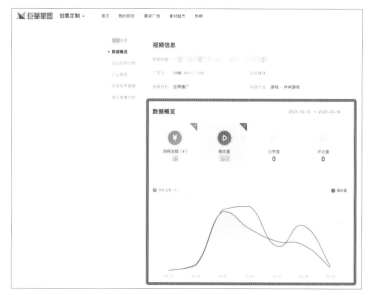

图 4-20　查看视频的相关数据

另外，达人在完成素材制作任务的过程中可能会出现一些疑问，为了给达人答疑解惑，巨量平台对完成素材制作任务的过程中常见的一些问题进行了解答，如图 4-21 所示。

图 4-21　完成素材制作任务的过程中常见问题的解答

4.2.3　即合服务：达人自行发布

达人可以通过如下步骤在巨量星图平台中发布即合服务。

Step 01 登录巨量星图平台的"我的星图"页面，❶单击左侧导航栏中的"创作者服务管理"，进入服务管理页面；❷单击页面中的"添加服务"按钮，如图 4-22 所示。

图 4-22　单击"添加服务"按钮

Step 02 执行操作后，进入"服务类型"页面，❶在该页面中选择服务类型和视频类型；❷单击"下一步"按钮，如图 4-23 所示。

Step 03 执行操作后，进入"基本信息"页面，如图 4-24 所示。达人需要在该页面中填写服务的相关信息，并单击页面下方的"下一步"按钮。

图 4-23　单击"下一步"按钮

图 4-24　"基本信息"页面

Step 04 执行操作后，进入"详细报价"页面，如图 4-25 所示。达人需要在该页面中选择结算方式和报价涵盖的服务环节，并单击"确认提交"按钮。

图 4-25 "详细报价"页面

Step 05 执行操作后，即可发布即合信息。

需要注意的是，选择报价涵盖的服务环节之后，达人还需要填写对应环节的相关信息。图 4-26 所示为脚本策划环节的信息填写页面。

图 4-26 脚本策划环节的信息填写页面

另外，达人还可以通过一定的操作下架即合服务。具体来说，达人可以进入"服务管理"页面，单击"已上架"板块中对应服务后方的"下架"按钮，如图 4-27 所示。执行操作后，即可将对应的即合服务下架。

图 4-27　单击"下架"按钮

4.2.4　价格修改：提升成单效率

达人可以在接收任务前与客户商谈价格，从而提升交易的自由度和成单效率。具体来说，达人可以通过如下步骤修改订单的交易价格。

Step 01 进入巨量星图创意定制平台，❶依次单击"我的即合"和"订单管理"，进入订单管理页面；❷单击"待接单"，筛选出待接订单；❸单击对应订单后方的"去接收"按钮。

Step 02 执行操作后，进入订单信息页面，单击页面中的"修改价格"按钮，如图 4-28 所示。

图 4-28　单击"修改价格"按钮

Step 03 执行操作后，会弹出"修改价格"面板，❶在面板中输入服务报价；❷单击"修改并接收任务"按钮，如图 4-29 所示。

图 4-29　单击"修改并接收任务"按钮

Step 04 执行操作后，即可完成订单交易价格的修改。

4.2.5　发送链接：客户直接下单

由于平台的规则设置，达人和客户登录巨量星图创意定制平台之后看到的内容会有所差异。对此，达人可以直接将做好的任务内容，以链接的形式发给客户。具体来说，达人可以通过如下操作步骤将链接发送给客户，让客户直接下单。

Step 01 登录巨量星图创意定制平台，发布合适价格的服务，复制页面上方的网页链接地址，如图 4-30 所示。

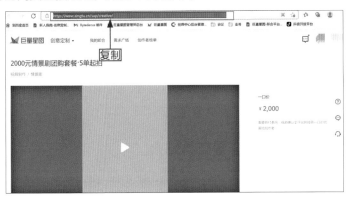

图 4-30　复制网址

Step 02 将网址中的第一个 sup 换成 ad，如图 4-31 所示，并将更换后的网页链接发送给客户。

图 4-31　将网址中第一个 sup 换成 ad

Step 03 客户登录自己的账号，❶粘贴网址，进入服务信息页面；❷单击页面中的"立即下单"按钮，如图 4-32 所示。

图 4-32　单击"立即下单"按钮

Step 04 执行操作后，客户即可直接完成下单。

4.3　财务管理：任务收益结算

　　达人在创意定制平台中接收任务时会产生财务信息，对此，达人可以通过一定的操作对财务信息进行管理。这一节，笔者就来介绍关于创意定制平台中的一些财务管理技巧。

4.3.1　结算技巧：查看交易记录

　　达人可以通过巨量星图的"交易记录"板块，进行结算的相关操作。例如，达人可以通过如下步骤生成结算单。

Step 01 登录巨量星图创意定制平台，将鼠标停留在账号头像上，此时会出现一个下拉面板，单击面板中的"财务记录"按钮，如图 4-33 所示。

图 4-33　单击"财务记录"按钮

Step 02 执行操作后，进入"财务记录"页面，❶选中需要生成结算单的任务前方的复选框；❷单击"生成结算单"按钮，如图 4-34 所示。

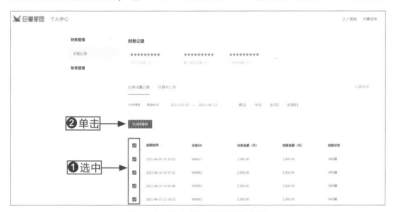

图 4-34　单击"生成结算单"按钮

Step 03 执行操作后，会弹出"生成结算单"面板，单击该面板中的"生成"按钮，如图 4-35 所示。

图 4-35　单击"生成"按钮

Step 04 执行操作后，即可生成对应任务的结算单。

除了生成结算单之外，达人还可以在线对结算单进行盖章（即结算单签章）。具体来说，达人可以通过如下步骤进行结算单签章。

Step 01 进入"交易记录"页面，❶选择页面中的"结算单记录"选项卡，列出所有结算单记录；❷单击对应结算单记录后方的"结算单盖章"按钮，如图 4-36 所示。

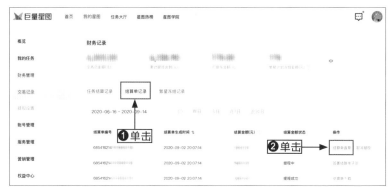

图 4-36　单击"结算单盖章"按钮

Step 02 执行操作后，会弹出"选择签章手机号"面板，❶在该面板中填写签章信息；❷单击"提交"按钮，如图 4-37 所示。

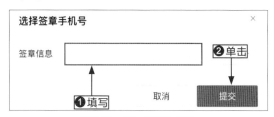

图 4-37　单击"提交"按钮

Step 03 执行操作后，即可为对应的任务结算单进行线上盖章。

另外，在进行线上签章之前，如果要重新选择订单生成结算单，可以先单击"结算单记录"页面中的"取消提现"按钮，如图 4-38 所示。然后返回"任务估算记录"板块，重新生成结算单。

图 4-38　单击"取消提现"按钮

4.3.2　修改账户：提升用户体验

为了提升用户体验，巨量星图平台对修改收款账户的操作流程进行了优化。达人可以自行修改开户行账户和收款银行的相关信息。需要注意的是，修改结果会在半个小时内确认，但要次月才会生效，并且收款账户信息每个月只能修改一次。

那么，达人应如何修改银行账户信息呢？下面，笔者就来介绍修改银行账户信息的具体操作步骤。

Step 01 登录巨量星图创意定制平台，将鼠标停留在账号头像上，此时会出现一个下拉面板，单击面板中的"资质信息"按钮，如图 4-39 所示。

图 4-39　单击"资质信息"按钮

Step 02 执行操作后，进入"资质信息"页面，单击页面中的"修改银行信息"按钮，如图 4-40 所示。

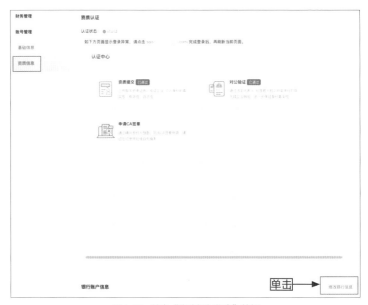

图 4-40　单击"修改银行信息"按钮

Step 03 执行操作后，进入"修改银行信息"页面，如图 4-41 所示。达人需要在该页面中填写银行信息，并单击页面下方的"提交"按钮。

图 4-41　"修改银行信息"页面

Step 04 执行操作后,会弹出"安全校验"面板,达人可以选择进行手机校验或邮箱校验。如以手机校验为例,达人需要在面板中输入手机号和验证码,并单击"提交"按钮。图 4-42 所示为手机校验面板。

图 4-42 手机校验面板

Step 05 执行操作后,即可完成银行信息的修改。

4.3.3 打款失败: 重新进行结算

达人通过巨量星图平台进行自助结算的过程中,可能会出现打款失败的情况。为了让达人更加清楚地了解打款失败的原因,巨量星图平台对结算打款失败的相关信息进行了说明,如图 4-43 所示。

图 4-43 巨量星图平台中关于结算打款失败的相关说明

那么,如果出现结算打款失败的情况,达人要如何进行处理呢?对此,如果页面信息显示结算单已提现,达人可以选择取消提现,然后再重新生成结算单。具体来说,达人可以进入"交易记录"页面的"结算单记录"选项卡下,单击对应结算单后方的"取消"按钮,如图 4-44所示。执行操作后,即可取消提现。

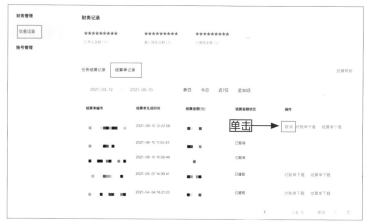

图 4-44　单击"取消"按钮

　　取消提现后，达人可以修改银行账号信息，等银行账号信息修改成功之后，再重新生成结算单。

02　卖课技巧篇

第5章
定位：
设计课程内容

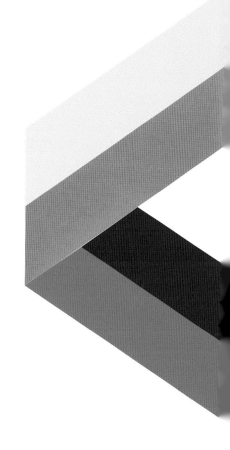

　　如果要售卖课程，就需要运营者制作课程，而制作课程则需要运营者提前确定好课程选题，再在课程选题的基础上对课程内容进行设计。本章主要介绍用户定位、需求挖掘和内容设计的方法。

5.1 用户定位：找准目标群体

如果运营者要将自己的知识理论制作成课程，并将其销售给用户，那么就需要保证课程中包含的内容足够优质。因为内容的质量会与课程的价值直接相关，当内容的质量达不到要求时，课程对于用户的价值会大打折扣，用户购买课程的概率也就不会很高。

那么，什么样的内容才是优质内容呢？一般来说，优质的内容必须要满足用户某个方面的需求。例如，用户想学习剪映 App 的使用技巧，那么此时包含对应剪映 App 的使用技巧的内容对用户来说就是优质内容。

也就是说，运营者需要对目标用户及其具体需求进行分析，找到用户需要的优质内容，并将其打造成课程。而寻找优质内容的过程也就是确定课程选题的过程，后续的大纲设计、内容编写都要建立在这一步的基础上，因此运营者要先找准用户群体，再挖掘出他们的需求，以此来确定课程的选题。

5.1.1 前期准备：运营抖音账号

在找准用户群体之前，运营者还需要做好课程变现的前期准备。通过课程来变现是有一定门槛限制的，运营者自身需要具备一定的特长或技能，并能够花费较多的时间和精力去制作课程，此外运营者还需要经营一个账号，在账号有了一定的粉丝基础之后，再进行课程变现操作。

因为用户在购买课程时，除了看课程内容是否满足自身需求外，还会关注老师（即运营者）的资质情况，如果是一个没什么粉丝量、也没发布过什么作品的账号售卖的课程，用户会觉得课程价值不高，不值得购买。所以运营者最好先提高账号的粉丝量、点赞量等数据，这样才能让用户产生信任感，进而才会产生购买课程的意愿。

另外，账号发布的内容最好要与准备售卖的课程内容有关联，否则用户也会怀疑课程是否值得购买。例如，一个平常发布美食制作视频的账号，忽然制作并售卖会计课程，用户自然会觉得该运营者不是专业人士，课程价值也不高。因此，运营者如果想通过课程变现，就需要认真运营账号，做好前期的准备工作。

5.1.2　粉丝特点：增加情感关联

作为运营者最方便接触和了解的人群就是运营者账号的粉丝，而且粉丝购买课程的可能性也更高，因此可以将账号粉丝作为目标人群进行分析。抖音粉丝可以根据与运营者账号的亲密度分为 4 种，即非粉（普通用户）、轻粉（关注了运营者账号的用户）、中粉（加入运营者的粉丝群并进行购物的用户）和铁粉（在运营者的账号中完成多次购物的用户）。

不同阶段的粉丝与运营者的情感及互动关系是有所差异的。通常来说，从非粉到铁粉，与运营者的情感联系及互动是逐渐增加的。图 5-1 所示为不同阶段的粉丝与作者（即运营者）的情感与互动关系。可以看出，中粉和铁粉对运营者的情感关联更深，信任度更高，也就更有可能购买课程，因此运营者要尽可能地增加中粉和铁粉的数量。

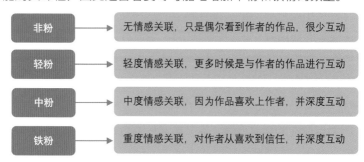

图 5-1　不同阶段的粉丝与作者（即运营者）的情感与互动关系

当然，粉丝阶段的转变不是一蹴而就的，需要运营者循序渐进地进行引导。图 5-2 所示为不同粉丝阶段进行转变的方法。

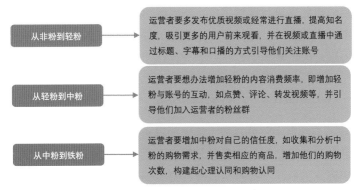

图 5-2　不同粉丝阶段进行转变的方法

5.1.3　内容倒推：锁定粉丝人群

　　了解了粉丝的特点，运营者可以通过内容设定来倒推账号的粉丝人群。通过内容设定倒推粉丝人群，就是通过账号发布的内容来分析粉丝人群的相关信息。图 5-3 所示为"粉丝人群内容倒推法"的相关介绍。例如，运营者发布的是教粉丝做菜的内容，吸引到的粉丝就是对美食感兴趣的人群。

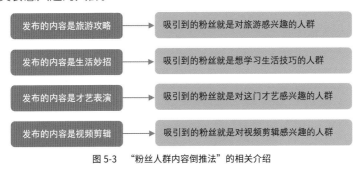

图 5-3　"粉丝人群内容倒推法"的相关介绍

5.2　需求挖掘：确定课程选题

　　运营者确定好目标用户后，就可以对目标用户的需求进行分析，从而确定课程选题。如果运营者确定的目标用户是粉丝，则可以通过查看粉丝画像了解粉丝的特点和喜好，并分析粉丝的需求和挖掘他们的痛点，以此来进行课程定位；如果目标用户的喜好和需求不容易进行分析，运营者也可以选择根据目前市场上热门的课程选题进行定位，本节介绍具体的方法。

5.2.1 粉丝画像：了解粉丝构成

运营者在很多数据分析平台中都可以看到抖音账号的相关分析，可以通过这些平台提供的账号分析来定位粉丝的需求。如以飞瓜数据微信小程序为例，运营者可以通过如下步骤对粉丝的相关信息进行分析，以此来了解粉丝的构成和喜好。

Step 01 打开并登陆微信 App，点击 按钮进入搜索界面，❶在搜索框中输入"飞瓜数据"；❷选择搜索结果中对应的小程序，如图 5-4 所示。

Step 02 执行操作后，进入"飞瓜数据"小程序首页，点击界面上方的搜索框，如图 5-5 所示。

图 5-4　选择相应的小程序

图 5-5　点击搜索框

Step 03 执行操作后，进入"飞瓜数据 - 搜索"界面，❶在搜索框中输入"手机摄影构图大全"；❷点击"搜索"按钮，如图 5-6 所示。

Step 04 在搜索结果中点击相应播主所在的位置，如图 5-7 所示。

图 5-6　点击"搜索"按钮　　　图 5-7　点击播主所在的位置

Step 05 执行操作后，即可进入该账号的"播主详情"界面，如图 5-8 所示，运营者可以点击"数据概览""直播分析""视频作品""带货商品""粉丝分析"等按钮查看相应数据。

Step 06 运营者点击"粉丝分析"按钮，即可查看粉丝画像，如图 5-9 所示。

图 5-8　进入"播主详情"界面　　　图 5-9　查看粉丝画像

5.2.2 需求分析：细化课程定位

运营者可以根据粉丝画像对粉丝进行分类，从而更具体地分析某一类粉丝的需求，以此提供相对应的课程；也可以通过与粉丝互动来了解粉丝的喜好和需求，以便更好地进行课程定位。

1. 根据目标人群的年龄分类

不同年龄段的人群需要的课程会有所差异，运营者可以对目标人群的年龄段进行分类，并为特定年龄段的人群提供合适的课程。

具体来说，运营者可以查看账号粉丝的年龄分布情况，分析哪个年龄段的粉丝比较多。图 5-10 所示为某抖音号粉丝的年龄分布占比情况，可以看到该账号中 31 ～ 40 岁的粉丝是最多的。而了解了粉丝的年龄分布占比情况之后，运营者就可以为年龄段占比较高的用户提供合适的课程。

■ 0-18	(0.89%)
■ 18-23	(19.76%)
■ 24-30	(30.80%)
■ 31-40	(31.45%)
■ 41-50	(11.73%)
■ 51+	(5.36%)

图 5-10　某抖音号粉丝的年龄分布占比情况

特别提醒　有时候抖音号相邻两个年龄段的粉丝人群占比都比较高，此时运营者便可以通过技巧引导将同一课程推荐给这两个年龄段的粉丝。例如，某账号 25 ～ 30 岁和 30 ～ 35 岁的粉丝占比都比较高，运营者可以推荐 30 岁适合学习的课程。同时，运营者可以对 25 ～ 30 岁的用户说：学习这个课程能帮用户提前达成目标；对 30 ～ 35 岁的用户说：学习这个课程可以弥补自身的知识漏洞。

2. 找到目标人群的兴趣爱好

关注同一个抖音号的人群通常都有某个共同的兴趣爱好。对此，运营者可以通过前面介绍的内容定位倒推粉丝人群法找到目标人群共同的兴趣爱好，然后据此针对性地打造课程。

例如，某个抖音号主要是通过短视频为用户分享吉他弹奏方面的内容，因此关注该账号的用户通常都对弹吉他比较感兴趣。也正是因为如此，该账号的运营者就制作并售卖了一个吉他课程，如图 5-11 所示。

图 5-11　运营者制作并售卖的吉他课程

3. 细化课程内容

有时候用户的需求可能是比较具体的，如果运营者提供的课程所包含的范围远大于用户的具体需求，那么用户可能会觉得其中有很多东西自己根本用不上，而且由于产品或服务过于宽泛，自己的具体需求可能得不到满足。

例如，用户只是想掌握直播带货技巧，但是运营者提供的却是抖音运营的课程，那么用户很可能就不会购买了。这主要是因为，在用户看来为了直播带货技巧这个要点而购买整个课程是不划算的，而且很多用户会觉得课程中对于直播带货技巧的讲解可能不够细致。因此，运营者可以根据购买人群的需求进一步对课程的定位进行细分，让课程更加适合用户的需求。

5.2.3 痛点挖掘：刺激用户下单

通常来说，大多数人在消费时都是比较理性的，只有运营者提供的课程满足了自己的痛点需求，人们才会更愿意下单进行购买。因此，在进行课程变现的过程中，运营者有必要挖掘出目标人群的痛点需求。当然，在挖掘目标人群的痛点需求时，运营者首先要了解痛点的相关知识。下面介绍几个与痛点相关的基础知识。

1. 什么是痛点

痛点是指用户在做某件事时感到痛苦、难办的地方。通常来说，用户的痛点与需求直接相关，找到了用户的痛点，就相当于找到了用户的核心需求。

例如，对于很多运营者来说，有效地提高抖音变现收益就是一个痛点。因为这些运营者尝试了很多方法，获得的抖音变现收益可能一直达不到预期。

2. 挖掘目标人群的痛点有什么好处

对于运营者来说，挖掘目标人群的痛点主要有以下两个好处。

（1）打造符合用户需求的课程。因为痛点与核心需求直接相关，所以挖掘出目标人群的痛点，就相当于找到了潜在消费者的核心需求。因此，挖掘出目标人群的痛点之后，运营者便可以据此打造课程，让课程定位更加符合用户的具体需求。

（2）课程的变现收益更有保障。当运营者提供的课程内容与用户的痛点一致时，用户只要购买课程便可以满足自身的核心需求。因此，与用户痛点一致的课程会更受用户的欢迎。这样一来，该类课程的销量通常比较高，而运营者则可以通过销售这类课程获得较为可观的收益。

3．如何挖掘目标人群的痛点

挖掘目标人群的痛点通常有两种方法，一种是站在目标人群的角度思考有哪些痛点，或者结合自身实践总结出痛点；另一种是为目标人群提供一个反馈渠道，让他们主动将痛点说出来。

如果运营者运用第一种方法来挖掘目标人群的痛点，就要多从不同阶段的用户角度进行思考和总结。例如，运营者对剪映 App 的各项功能已经非常熟悉了，也掌握了各种视频剪辑技巧，但是有些用户可能对剪映 App 的功能并不了解，也不会什么剪辑技巧，运营者在挖掘用户痛点的过程中就要考虑这部分用户的需求。

而如果运营者运用第二种方法来挖掘目标人群的痛点，就可以通过在标题或视频中引导用户通过发表评论来说出痛点。

图 5-12 所示为某运营者发布的一条短视频，可以看到该短视频的标题写着"还想知道哪些内容，可以告诉我"，这就相当于是为目标人群（即对剪映使用技巧感兴趣的人群）提供的一个反馈渠道，以此来了解目标人群的痛点。如果有用户在短视频的评论区说出了想学习的功能或技巧，那么这些内容就是目标人群的痛点。

图 5-12　为目标人群提供痛点的反馈渠道

5.2.4 风口定位：顺应时代潮流

除了通过挖掘目标群体的需求和痛点来做课程定位，运营者还可以根据市场风口来确定课程选题。风口就是顺应时代潮流、市场潜力巨大的行业或领域，根据市场风口做课程定位，就是要提供市场需求量大的课程内容。与其他定位方法相比，根据市场风口做定位主要有以下几个好处。

1. 用户的需求量大

通常来说，处于市场风口的课程内容，用户的需求量会更大一些。这一点很好理解，既然是风口，就说明市场的潜力巨大。因此，只要运营者提供的课程内容顺应了市场风口，就会获得更多用户的欢迎。

例如，随着短视频行业的飞速发展，许多人都想通过短视频来进行创业，因此短视频就成了一个风口。于是，部分运营者便根据该风口来为用户提供课程内容，图 5-13 所示为某运营者为用户提供的一个短视频拍摄教程。许多用户对于短视频拍摄的技巧是有需求的，所以只要该课程物有所值，这些用户就很可能会下单购买。

图 5-13　为用户提供短视频拍摄的教程

2．收益比较可观

通常来说，运营者顺应风口销售的知识产品，只要产品质量足够好、营销推广做到位，就可以获得比较可观的收益。这主要是因为顺应风口的产品市场需求量大，运营者不仅可以通过薄利多销来增加整体收益，还可以通过利润空间的控制来保障自身的收益。

3．更容易打造成爆款

正是因为顺应风口的课程需求量大，所以只要运营者做好营销推广和课程质量管控，那么这类课程会比其他课程更容易被打造成爆款。爆款课程除了可以为运营者带来可观的收益外，还可以提高运营者的可信度和知名度，为运营者后续的课程销售提供一个良好的基础。

但是，根据市场风口进行课程定位并不是那么简单的事情。运营者首先要找准风口，然后还要根据自己的实际情况判断风口行业或领域适不适合自己。不能因为贪图风口的需求量就盲目制作课程，如果正好选择了自己不擅长或不适合自己的风口行业内容去制作课程，那么制作过程需要的时间精力就会很多，而且难以保证课程质量，能否获得可观收益甚至打造出爆款视频也就不得而知了。

运营者可以在学浪 App 中查看不同领域销量排名靠前的课程，从中总结归纳出相关的风口行业内容。下面介绍一下操作方法，首先打开学浪 App，点击"找课"按钮，进入"找课"界面，如图 5-14所示。界面会按课程的综合情况进行排列显示，运营者可以通过输入课程或老师名称、切换课程所属行业、设置排序条件和价格区间来查找相应课程。如果运营者想按销量的从高到低排序查看课程，需要❶点击"综合排序"按钮；❷在弹出的列表框中选择"销量最多"选项，如图 5-15 所示。执行操作后，界面就会按销量的从高到低排序显示课程。

图 5-14　进入"找课"界面

图 5-15　选择"销量最多"选项

5.3　内容设计：完善课程框架

制作课程的过程其实与编写图书的过程是差不多的。运营者在确定目标群体、挖掘用户需求、确定好了课程选题之后，接下来就要对内容进行设计和编写，包括列出大纲、制作目录和编写内容这 3 个步骤。本节介绍完成这 3 个步骤需要注意的问题。

5.3.1　列出大纲：确定课程要点

列出大纲就是根据确定的选题列出课程的总纲和要点，这不仅可以为运营者打造课程的内容提供一个大体的参照，也可以让用户更好地判断该课程对自己的价值。

如以编写一本摄影图书为例，列出大纲就相当于是列出各章的内容，确定每章的名称。某运营者在编写摄影图书时列出了每个章节的名称，这些章节的名称就可以看作是该图书的大纲，如图 5-16 所示。

大纲要能体现选题侧重的内容，如运营者确定的选题是剪映 App

各大功能的入门介绍，那么大纲就应该围绕功能进行编写，而不能从技巧方面展开。运营者可以参考其他同类课程的大纲，或通过引导用户留言的方法找到用户对于这个选题内容关注的重点，从而列出合适的大纲。

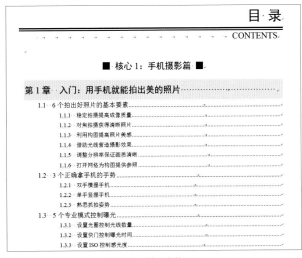

图 5-16　某图书各章的名称

5.3.2　制作目录：知识点的展示

列出大纲之后，运营者便可以根据大纲细化内容，从而确定每个具体的知识点，并据此制作一个目录。以图书为例，目录要体现每一章包含的具体知识点，如图 5-17 所示。

图 5-17　某图书的目录

就课程而言，目录的每个小节标题就是运营者设置的课时标题，用户在查看课程信息时可以看到。因此，运营者在制作目录时要尽可能地将知识点在标题中展示出来，这样更方便用户对课程内容进行判断。

而且，运营者在制作目录的时候还要考虑课程的时长和课程内容的丰富程度，课程的时长太长、内容很多，虽然可以提高课程的价值，但用户可能会觉得需要学习的内容太多，从而不想购买课程。所以，运营者要选取重要、关注度高的知识点，制作出精简的目录。

5.3.3 编写内容：全面梳理课程

编写内容就是根据制作的目录来编写每个知识点的具体内容，运营者在编写具体内容时，要尽量让内容一看就懂、一学就会。如图 5-18 所示为某图书的具体内容，可以看到这本书是以图文结合的形式进行内容编写的，相关的操作还展示了具体的步骤。以这种形式编写的内容，用户自然更容易看懂。

 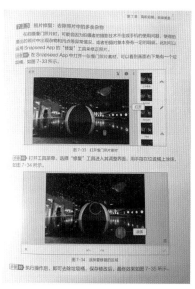

图 5-18　某图书的具体内容

可能运营者会觉得奇怪，为什么制作课程还需要像图书一样编写具体的内容呢？这有两方面的原因。一方面，虽然大部分课程都没有实体资料，但是为了让用户更好地进行学习，运营者最好提供课程资料和课件，而课程资料和课件就需要在课程内容的基础上进行整理和准备；另一方面，运营者制作的课程一般是以视频或直播的形式售卖给用户，那就需要制作视频或编写直播脚本，而脚本也要根据具体的课程内容来进行编写。

因此，运营者在制作好目录后，还要编写具体的内容，为后续课程资料、课件和脚本的准备打下基础。此外，编写具体内容还可以帮助运营者更全面地梳理课程的知识点，对课程进行检查。运营者在编写内容时需要考虑以下两个方面。

1. 运用案例进行讲解

运营者可以考虑在编写内容时用案例对知识点进行讲解，尤其在涉及软件操作时，运用案例进行讲解可以让用户更直观地了解某个功能实际运用的过程，也可以减轻课程的枯燥性。

不过，运营者也不能安排太多案例，否则就有凑时长的嫌疑，课程的质量也会受到影响。此外，运营者选取的案例不但要有实际意义，还要有新意，如果用户学会的案例无法在现实生活中发挥用处，用户就会觉得课程的价值不高，对课程的印象也会变差。例如，运营者制作剪映课程时，可以先在剪映 App 中查看近期热门的视频话题或类型，然后自己制作相似的视频，并将这些视频作为案例来讲解相应的制作方法。

下面介绍一下在剪映 App 中查看热门视频话题或类型的方法。运营者需要打开剪映 App，点击"剪同款"按钮，进入"剪同款"界面，如图 5-19 所示。点击界面上方的"全部话题"按钮，即可进入"全部话题"界面，如图 5-20 所示，在此可查看近期热门的视频话题。

图 5-19　进入"剪同款"界面

图 5-20　进入"全部话题"界面

2．要保证内容的原创性

运营者制作的课程实际上是一种知识产品，知识点可能会有相同之处，但具体内容不应该相同，否则就会有抄袭的嫌疑。如果一本书的内容和另一本书的内容相同，而两本书的作者不同，那用户就会觉得其中一本书是抄袭的，并且对抄袭书的作者也会产生抵触情绪。因此，运营者在编写课程内容时要保证其原创性，毕竟原创的内容才有新意和价值。

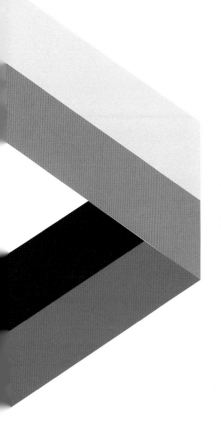

Chapter 06

第章

制作：
提高课程质量

抖音支持售卖视频课程、直播课程和组合课程，运营者确定好课程定位后，就可以开始准备和制作课程了。本章主要介绍课程类型、制作课程的前期准备、视频课程的拍摄和剪辑技巧。

6.1　课程类型：了解课程形式

　　抖音平台支持的课程类型分为3种，第一种是视频课，也叫录播课，即提前录制好教学视频，用户购买课程后可以直接通过观看视频进行学习；第二种是直播课，即用户购买课程后要根据课表安排参与直播进行学习；第三种是组合课，即视频课和直播课的混合编排，用户购买课程后可以通过观看视频和参与直播两种形式进行学习。本节介绍这3种课程的优缺点和观看方式。

6.1.1　视频课程：用户自行观看

　　视频课需要运营者录制好教学视频，用户自行观看视频进行学习。这种课程的优点是对知识点的讲解会比较清晰集中，并且用户可以灵活地安排学习时间；缺点是对用户的自觉性要求较高，且不方便为用户答疑解惑。针对这两个缺点，运营者可以组建班级群，并将购买了课程的用户拉进群里，在群里提醒用户进行学习，同时对用户的问题进行解答。

　　视频课程的观看方式取决于运营者通过什么样的方式将教学视频发送给用户。一般来说，运营者可以选择在学浪平台上创建课程并上传教学视频，这样用户购买了课程后就可以在抖音 App、学浪移动版和学浪电脑版上进行观看和学习。图 6-1 所示观看路径为学浪移动版的课程。

　　此外，也有些运营者通过第三方平台将教学视频发送给用户，如将教学课程打包上传至百度网盘中，用户购买课程后会收到相应的百度网盘下载链接，通过链接下载教学视频进行学习，如图 6-2 所示。

　　运营者最好选择通过学浪平台发送教学课程，这样用户会觉得购买的课程比较有保障，而且观看教学视频很方便，观看体验也更好，对于运营者来说还可以通过学浪平台提供的防盗录功能保障自己的权益。

图 6-1　观看路径为学浪移动版的课程

图 6-2　观看路径为百度网盘的课程

6.1.2　直播课程：课堂实时互动

　　直播课程需要运营者提前写好直播脚本，并告知用户直播时间和直播平台，用户按直播安排前往观看和学习。这种课程的优点是互动性强和反馈及时，运营者可以在教学的过程中了解用户的学习进度并为用户答疑解惑，还可以及时收集用户对课程的评价和建议，方便对后续课程进行调整；缺点是对知识点的讲解会比较零散，用户的注意力也容易不集中，而且如果用户有事无法观看直播，只能事后看直播回放。

　　针对这些缺点，运营者可以将直播课分为讲解和答疑两个环节，并提前告知用户，要求他们在讲解环节认真听课，有疑问的地方先记录下来，等到答疑环节时一起解答；还可以在直播过程中设置一些复习环节，带领用户复习前面学过的知识点；运营者可以比上课时间提前一点开播，利用这个时间回答观看直播回放用户的问题，不过这样操作时运营者要确保提前开播的消息通知到位，以免用户错过机会。

　　直播课程的观看方式取决于运营者通过什么平台进行直播。和视频课程一样，运营者可以选择在学浪平台上创建课程进行直播，不过这样用户观看直播课程只能通过学浪平台，不能在抖音 App 中进行观看。当然，也有些运营者通过其他平台进行直播，用户购买课程后要自行联系客服或运营者了解直播的观看方法。

6.1.3　组合课程：发挥双倍效果

组合课程结合了视频课程和直播课程两种形式，只要运营者合理安排课程内容，就能发挥出 1＋1＞2 的效果。例如，运营者可以前期用视频课程的形式讲解知识点，后期以直播课程的形式进行答疑；也可以前期用直播课程的形式进行技巧讲解和实操展示，后期再用视频课程帮助用户巩固知识点。

由于组合课程中既有视频课程，又有直播课程，因此用户观看组合课程的方式要根据课程的类型和发送方式进行选择，具体方法可以参考视频课程和直播课程的观看方式。

6.2　前期准备：顺利制作课程

不管是拍摄教学视频，还是进行直播，运营者都要做好相应的准备工作，以便保证拍摄和直播的顺利进行。本节介绍课程的脚本写作、设备要求和场景布置。

6.2.1　脚本写作：细化内容安排

运营者制作的课程一般由很多节课构成，这就需要运营者根据之前制作好的目录编写相应的脚本，细化知识点的安排。设计课程脚本可以从 3 个方面入手，如图 6-3 所示。

此外，运营者在创作课程脚本时还要考虑课程类型的特点。例如，视频课程最好不要全部安排理论内容，这样会让用户没有观看的兴趣，运营者可以选择用理论＋案例的方式讲解知识点，减少课程的枯燥感；而直播课程的知识点也不能安排得太多、太密集，而且要给运营者留下一定的答疑时间。

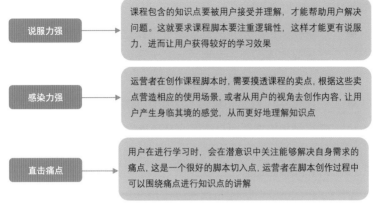

图 6-3　课程脚本的创作要点

6.2.2　设备要求：获得更好效果

运营者在拍摄和直播的过程中需要使用各种设备，如拍摄设备、灯光设备等，此外还可能会用到一些道具来帮助运营者更好地实现课程效果。

1．拍摄和直播设备

视频课程需要运营者准备一款性价比较高且适合自己的拍摄设备，而直播课程对运营者的直播设备要求较高，下面分别介绍这两类设备的选购建议。

1）拍摄设备

因为大部分课程都没有纸质资料，用户购买课程后只能通过观看视频进行学习，所以对视频画质要求比较高，运营者最好选择一款相机进行拍摄。对于入门级新手来说，推荐使用佳能相机，该品牌的相机拥有较好的操控性，同时具备成像效果柔和、自动对焦功能强大以及色彩还原度高等优点，而且视频拍摄完成后，无须进行过多的后期处理。

如果运营者选择使用单反相机拍摄课程视频，那么最重要的部件就是镜头了。镜头的优劣会对视频的成像质量产生直接影响，而且不同的镜头可以创作出不同的视频画面效果。下面介绍拍摄带货短视频常用的镜头类型和选购技巧。

❖ 广角镜头：广角镜头的焦距通常都比较短、视角较宽，而且其景深很深，对于拍摄户外较大场景的视频非常适合，画质和锐度都相当不错。

❖ 长焦镜头：普通长焦镜头的焦距通常为 85 ～ 300 毫米，超长焦镜头的焦距可以达到 300 毫米以上，可以拉近拍摄距离，能非常清晰地拍摄远处的物体，主要特点是视角小、景深浅以及透视效果差。

❖ 镜头的选购：在选择拍摄带货短视频的镜头时，运营者可以观察镜头上的各种参数信息，如品牌、焦距、光圈和卡口类型等。图 6-4 所示为索尼（SONY）FE 24-70mm F2.8 GM，即全画幅标准变焦 G 大师镜头。其中，FE 是指全画幅镜头；24-70 表示镜头的焦距范围，单位为毫米；F2.8 表示镜头的最大光圈系数；GM 即 G Master，意思是专业镜头。

图 6-4　全画幅标准变焦 G 大师镜头

如果运营者对于镜头的选购拿不定主意，建议去租用一些镜头，然后亲自拍摄试用，并对作品进行对比，检查画面的清晰度和焦距，从中选择拍摄效果更好的镜头进行拍摄。

此外，运营者也可以使用手机进行拍摄，但是在选择拍摄课程视频的手机时，运营者要关注手机的视频分辨率规格、视频拍摄帧速率、防抖性能、对焦能力以及存储空间等因素，尽量选择一款拍摄画质稳定、流畅，并且可以方便地进行后期制作的智能手机。

2）直播设备

运营者进行课程直播采用的直播设备最普遍的就是台式机或笔记本计算机，而直播对于这类设备的配置要求都是比较高的，高性能的计算机与运营者直播的体验是成正比的。因此，运营者在购买计算机前要对计算机配件的各部分参数进行分析，选取合适的直播设备来提升直播的效果。

❖ CPU：CPU 的性能对于计算机的程序处理速度来说至关重要，CPU 的性能越高，计算机的运行速度也就越快，所以在 CPU 的选择上千万不能马虎或将就。一般来说选择酷睿 I5 或 I7 的处理器比较好。

❖ 内存：内存条的选择和 CPU 一样，要尽量选择容量大的。因为运行内存的容量越大，计算机的运行速度也就相应越快。对于直播设备的需求来说，内存容量的选择不能低于 8GB，如果预算充足，选择 8GB 以上的内存条更佳。

❖ 硬盘：现在市面上流行的硬盘类型一共有两种，一种是机械硬盘，还有一种是固态硬盘。这两种硬盘各自的比较如图 6-5 所示。

图 6-5　机械和固态硬盘的比较

随着科学技术的不断进步，现在固态硬盘的生产技术也越来越先进成熟，所以这也导致了固态硬盘的销售价格不断降低，容量单位也在不断扩大，所以也就不用担心选购固态硬盘的成本预算问题了。

❖ 显卡：体现计算机性能的又一个关键配件就是显卡，显卡配置参数的高低会影响计算机的图形处理能力，特别是在运行专业的视频处理软件时，显卡的性能就显得尤为重要了。计算机显卡对直播时的效果也会有一定的影响，所以要尽量选择高性能的显卡型号。

运营者也可以选择使用手机进行直播，但是手机的功能毕竟没有计算机强大，有些专业的直播操作和功能在手机上是无法实现的，因此运营者要根据自己的直播脚本和直播需求选择合适的直播设备，尽可能地为用户提供不错的直播观看体验。直播对手机配置的要求没有计算机那么高，运营者注意手机的配置参数，然后在预算范围内选择一款自己喜欢的手机即可。

2. 灯光和灯架设备

由于课程大多在室内或者专业摄影棚内进行拍摄和直播，运营者要保证光感清晰、环境敞亮、可视物品整洁，因此需要有明亮的灯光和干净的背景。此外，运营者还需要准备一些灯架设备，摄影灯架主要是用来固定各种灯源，可以为拍摄或直播提供照明帮助，同时确保灯照的平衡性。下面介绍一些拍摄或直播时常用的灯光和灯架设备。

1）摄影灯箱

摄影灯箱能够带来充足且自然的光线，具体打光方式以实际拍摄环境为准，建议多准备几个灯箱，根据拍摄或直播要求进行放置。

2）顶部射灯

顶部射灯的功率大小通常为 15～30W，运营者可以根据拍摄或直播场景的实际面积和空白位置决定要不要安装顶部射灯、安装几个顶部射灯以及安装多大功率的顶部射灯。

3）美颜面光灯

美颜面光灯通常带有美颜、美瞳和靓肤等功能，光线质感柔和，同时可以随场景自由调整光线亮度和补光角度，从而拍出不同的光效。如果运营者打算真人出镜，最好准备一个美颜灯。

4）三脚架摄影棚支架

三脚架摄影棚支架可以在一定范围内调节高度，适用于直播补光、平面摄影和视频录制等场景。

5）魔术腿摄影灯架

魔术腿摄影灯架横臂可以 360 度旋转，适用于不同的光位，能满足专业的拍摄和直播需求。

3．稳定设备

稳定器是用于拍摄或直播时稳固拍摄器材的，是为手机或相机等拍摄器材作支撑的辅助设备，如三脚架、八爪鱼支架和手持云台等。所谓稳固拍摄器材，就是指将手机或相机固定或者使其处于一个十分平稳的状态。拍摄器材是否稳定，能够在很大程度上决定视频或直播画面的清晰度，如果手机或相机不稳，就会导致拍摄或直播时的画面也跟着摇晃，使画面变得十分模糊。下面介绍常用的稳定设备。

1）三脚架

三脚架主要用来在拍摄或直播时更好地稳固手机或相机，为保证画面的清晰度提供了一个稳定的平台。购买三脚架时注意，它主要是起到稳定拍摄器材的作用，所以三脚架需要结实。但是，由于其经常需要被携带，所以又需要有轻便快捷和随身携带的特点。

2）八爪鱼支架

三脚架的优点一是稳定，二是能伸缩。但三脚架也有缺点，就是摆放时需要相对比较好的地面，而八爪鱼支架刚好能弥补三脚架的缺点，因为它能"爬杆"、能"上树"，还能"倒挂金钩"，所以能够满足更多取景角度的需求。

4．其他道具

运营者在拍摄和直播的过程中可能要借助道具对课程内容进行展示，如讲解具体理论时，运营者可以在纸上或小黑板上写下知识点等。下面介绍一些在拍摄和直播时经常用到的道具。

1）黑板

如果运营者需要列出知识点或展示重点信息，可以准备一块黑板，在黑板上进行书写。这样做有两个好处，一是能营造出一种课堂的氛围，吸引用户认真观看；二是用户看到具体的文字内容也能更清晰、准确地掌握知识点。

运营者可以根据拍摄或直播时的环境和状态选择不同尺寸、不同样式的黑板。例如，如果运营者是一直站着讲解，那就可以选择一块带支架的黑板，能让运营者站着书写，如图 6-6 所示。

图 6-6　带支架的黑板

除了黑板，运营者也可以在白纸上进行书写，或者使用投影设备播放事先做好的演示文档，总之运营者根据自身的情况和需求进行选择即可。

2）录音设备

如果准备拍摄的环境较空旷或运营者有后期配音的需求，可以选择一些高性价比的录音设备。例如，TASCAM 这个品牌的录音设备具有稳定的音质和持久的耐用性，TASCAM DR-100MKIII 这款录音笔的体积非常小，适合单手持用，而且可以保证采集的人声更为集中与清晰，收录效果非常好。

3）背景布

在拍摄或直播时，运营者最好保证入镜背景的干净整洁，否则会影响用户的观感。如果运营者找不到合适的地方作为背景，可以准备一些背景布，将背景布悬挂起来作为背景。

不过，运营者选择背景布时要尽量选择纯色尤其是深色的布料，最好不要选择有大面积图案或颜色艳丽的布料，因为背景太花哨或太亮眼都会影响拍摄和直播效果。运营者还应该避免选择和身上服装同色的背景布，否则容易产生视觉错位，影响视频或直播效果。

另外，如果运营者在拍摄课程视频时有抠像或更换背景的需求，可以准备一块绿色背景布，方便后期进行的相应视频处理，图 6-7 所示为绿色背景布。

图 6-7　绿色背景布

4）演示道具

如果运营者需要使用手机或其他物品进行演示操作，就要提前准备好相应道具，并在拍摄或直播前进行检查，以确保演示道具符合要求。例如，运营者需要使用手机演示剪映 App 的某个功能操作，就要事先准备一部手机，并在手机上安装好剪映 App，在拍摄或直播开始前按照写好的步骤操作一遍，如果有出入就要及时调整。

5）软件准备

如果运营者制作的课程会牵涉软件操作，那就要事先下载并安装好相应的软件，并确认软件版本是否是需要的版本。此外，如果运营者打算录屏或剪辑视频，还需要下载相应的录屏或剪辑软件，并学习和掌握相关操作方法。

6.2.3　场景布置：影响呈现效果

运营者准备好各项设备和道具后，就可以开始进行场景布置了。场景布置的好坏关系着视频和直播呈现效果的优劣，所以运营者需要从以下多个方面进行考虑和布置。

1. 灯光

视频和直播都会受灯光的影响。为什么有的视频或直播间看起来很明亮耀眼，有的视频或直播间看起来却是黯淡无光呢？这就是灯光造成的不同效果。以直播间的灯光为例，运营者要注意以下 5 种灯光的位置和角度。

1）主光

主光灯须放在主播的正面位置，且与摄像头镜头光轴的夹角不能超过 15 度。这样操作能让照射的光线充足而均匀，使主播的脸部看起来柔和，从而起到磨皮美白的美颜效果。但是这种灯光设置也略有不足之处，那就是没有阴影效果，会使画面看上去缺乏层次感。

2）辅助光

辅助光宜从主播的左右两侧与主光呈 90 度夹角摆放。当然，还有一种更好的设置方法，可以将辅助光放置在主播左前方 45 度或右后方 45 度进行照射。这样做可以使主播的面部轮廓产生阴影，并产生强烈的色彩反差，有利于打造主播外观的立体质感。但需要注意的是灯光对比度的调节要适度，防止面部过度曝光或部分区域太暗的情况发生。

3）轮廓光

轮廓光要放置在主播的后面，以便形成逆光的效果，这样做不仅能够让主播的轮廓分明，还可以突出主播的主体作用。在使用轮廓光的时候必须要注意把握光线亮度的调节，因为光线亮度太强可能会导致主播这个主体部分过于黑暗，同时摄像头入光也会产生耀光的情况。

4）顶光

顶光是从主播头顶照射下来的主光线，其作用是给背景和地面增加亮度，从而产生厚重的投影效果，这样有利于塑造轮廓的造型，起到瘦脸的功效。但要注意顶光的位置离主播的位置尽量不要超过两米，而且这种灯光也有小缺点，那就是容易使眼睛和鼻子的下方造成阴影，影响美观。

5）背景光

背景光的作用是烘托主体，为主播的周围环境和背景进行照明，营造各种环境气氛和光线效果。但是在布置的过程中需要注意，由于背景光的灯光效果是均匀的，所以应该采取低亮度、多数量的方法进行布置。

2. 道具和设备

运营者在拍摄或直播过程中可能需要使用各种道具和设备，因此如何正确地放置道具和设备，也是运营者要考虑的一个问题。首先，运营者要根据脚本和课程类型决定用哪些道具和设备，然后对道具和设备进行分类。运营者可以根据道具和设备是否需要出镜进行分类，像拍摄设备、灯光设备和各种支架是没有必要出镜的，而用来进行操作演示和知识点展示的道具则是必须要出镜的。

完成分类后，运营者就可以根据类别和课程类型来确定道具和设备的位置。例如，需要出镜的道具和设备要放在运营者可以顺手拿到的位置，而距离镜头的远近需要根据使用状态来决定，如需要使用手机进行操作演示时，就要让手机屏幕离镜头近一些，让用户尽可能地看清操作界面，而不需要进行演示时，手机就可以远离镜头。

运营者布置道具和设备时要遵循整洁和方便的原则，整洁是指画面内只出现必要的道具和设备，让视频或直播画面看起来不杂乱；而方便是指运营者需要使用的道具和设备可以随手拿到，避免在找道具和设备上浪费时间。

6.3 拍摄技巧：录制教学视频

直播课程对运营者的临场反应和脚本要求较高，而视频课程更注重运营者教学视频的质量，运营者可以通过掌握教学视频的拍摄和剪辑技巧来提高课程质量。目前视频课程的拍摄方式一共有 3 种，分别是真人出镜拍摄、屏幕录制和道具出镜拍摄，本节介绍这 3 种拍摄方式的相应技巧。

6.3.1 真人出镜：面对面的讲解

真人出镜拍摄指的是运营者在拍摄教学视频时露出全身或上半身，一边播放 PPT 课件或展示教学道具一边进行讲解的拍摄方式。这种方式拍摄出的视频和用户在学校上课时的场景差不多，更能营造一种学习的氛围，而且用户可以看到运营者讲课时的动作和神态，会觉得更真实，更能提升信任度。

如果运营者选择真人出镜拍摄教学视频，除了要布置好场景外，还需要注意自身的形象，如服装、妆发和表情等，运营者的出镜形象也会对课程效果产生影响。运营者可以根据课程内容选择服装，如果是专业性的课程内容最好穿得比较正式，如果是流行类或兴趣类的内容则可以穿得休闲一些。运营者最好不要化浓妆，也最好不要披头散发或做很夸张的发型，恰到好处的淡妆和清爽干练的发型就可以了，毕竟教学视频的重点还是要落在知识点上，运营者的造型不是展示的重点。

运营者在出镜的过程中也要控制自己的表情和动作，尽量不要做幅度很大的动作，以免打扰用户学习；说话时做正常的表情，不说话时保持微笑即可，过于丰富和夸张的表情会让用户的注意力从课件转移到运营者身上，影响用户的学习效果。

拍摄真人出镜的教学视频有 3 种方法，下面分别进行介绍。

第一种是将拍摄设备放置在课件播放设备和运营者的前方，同时对课件和运营者进行拍摄。这种拍摄方法需要运营者有相应的设备，并且拍摄空间比较大，这样拍摄出的视频才不会显得局促。运营者在拍摄时尽量固定站在一个位置，为了不遮挡课件内容，可以适当侧身让课件内容完整展示。

第二种是录制课件的播放过程，再用绿色布料作为背景，拍摄运营者的个人视频，在剪辑时进行抠像与合成。这种拍摄方法需要运营者有绿色背景布，而且课件内容比较简洁，避免在合成视频时没有地方放置运营者的人像。运营者在拍摄个人视频时可以一边用计算机播放课件一边进行讲解，但不要把计算机拍进去，并且视线不能聚焦在计算机上，而是应该尽量直视镜头，让用户有一种被正视和被关注的感觉。

第三种是主要拍摄运营者的讲解过程，在后期剪辑时再适当添加课件内容进行补充。这种拍摄方法对设备和课件内容没什么要求，比较适合例子少、不需要讲解操作方法的课程。和第二种拍摄方法一样，运营者可以在笔记本电脑上播放课件内容，以避免忘词或讲解得与课件不符，这种情况下电脑可以出镜，但运营者还是要直视镜头。

此外，也有一部分真人出镜的视频课程是在真正的课堂上进行拍摄的，不过这种类型的拍摄方法对运营者的要求比较高，不是很常见。运营者首先要有大学的开课资格或举办课程讲座的条件，然后在上课前选择合适的位置，放置好拍摄设备并与学生沟通好拍摄事宜，在上课过程中最好能借助话筒等扩音设备让讲解的声音尽可能地变大，从而使拍摄效果更好。

6.3.2　屏幕录制：方法简单便捷

屏幕录制指的是运营者使用设备的录屏功能或录屏软件对课件、操作过程等进行录制，在录制过程中讲解相应知识点或步骤的拍摄方式。这种拍摄方式对运营者是否出镜没有强制要求，也不需要布置什么场景，只要准备能录屏的设备就可以了。一般来说，如果是录制课件播放或计算机软件操作，最好用计算机进行录屏；而如果是手机软件的操作录屏，就最好用手机进行录屏。下面介绍用手机和计算机进行录屏的方法。

1．手机录屏

大部分的智能手机自带了录屏功能，快捷键通常为长按电源键＋音量键开始，按电源键结束；另外在手机的操作中心里可能也会显示屏幕录制的按钮，运营者可以查询自己手机的录屏方法。图 6-8 所示为华为 nova 5z 手机的"控制中心"界面，从中可以看到有一个"屏幕录制"按钮，点击按钮即可开始录制画面。如果运营者的手机没有录屏功能，也可以去手机应用商店中搜索下载相应的录屏软件，如图6-9所示。

图 6-8 "控制中心"界面

图 6-9 下载手机录屏软件

2. 计算机录屏

计算机录屏的工具非常多，如 Windows 10 系统和 PPT 都自带了录屏功能。在 Windows 10 系统中，运营者可以按下■＋ G 快捷键调出录屏工具栏，然后单击"开始录制"按钮■或按■＋ Alt ＋ R 组合键，即可开始录制计算机屏幕，如图 6-10 所示。

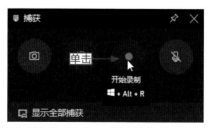

图 6-10 Windows 10 系统的录屏工具

如果 Windows 系统的版本比较低，运营者也可以在计算机上安装 PPT 软件，启动软件后，❶切换至"录制"选项卡；❷在"自动播放媒体"选项组中单击"屏幕录制"按钮，如图 6-11 所示。然后打开要录制的软件，框选录制区域，单击"录制"按钮，即可开始录制。如果要录制的内容正好是播放的 PPT 课件，运营者就可以直接使用 PPT 软件的 PPT 录制功能，这样可以省下调整录制区域的时间。

图 6-11　单击"屏幕录制"按钮

当然，上面介绍的都是比较简单的录屏方法，这些方法的优点在于快捷方便。如果运营者想制作更加专业的教学类视频，则需要下载功能更为丰富的专业录屏软件，如迅捷屏幕录像工具等。

除了挑选合适的屏幕录制方法，运营者也需要在录制过程中进行适当讲解。运营者可以选择一边录制一边讲解，也可以选择将录制的视频剪辑好后进行讲解配音。不管选哪一种方式，运营者都要尽可能地保证讲解音频的质量，如营造安静的录制环境、用好的录音或收音设备进行录制、后期剪辑时对音频进行降噪处理等。

6.3.3　道具出镜：展示操作过程

所谓道具出镜，指的是将教学道具作为视频的主要拍摄对象，如进行操作的手机屏幕、书写知识点的白纸等，并拍下相应的手部动作和讲解的拍摄方式。因为手机软件的操作界面比计算机软件的界面更小，所以屏幕录制的展示效果没有那么好，而通过拍摄教学道具可以更近距离、更清晰地展示软件界面和操作过程，所以这种方法比较适合拍摄手机软件操作类的课程。

图 6-12 所示就是道具出镜的课程视频，可以看到视频中将手机屏幕作为展示主体，并借用触屏笔来更精准地进行按钮的点击和相关操作。

图 6-12　道具出镜的课程视频

当然，除了手机软件的操作过程很适合用这种拍摄方式外，纯知识点介绍的课程也适合将纸笔作为教学道具进行出镜拍摄。纯知识点介绍的课程指的是课程中没有操作内容，也没有较为复杂的例子，主要内容都是介绍理论知识，涉及知识点的内容较少。运营者可以一边讲解一边在白纸上写下对应的知识点内容，但前提是运营者的字要写得不错，否则更适合以播放课件的形式进行拍摄。

运营者在拍摄道具出镜的教学视频时，要注意拍摄设备摆放的位置。最好的位置是将拍摄设备架在道具的正面或正上方，这样可以为用户营造一种亲身实践的氛围，也可以让用户直接在正面观看操作过程。如果运营者从道具的左右两侧进行拍摄，就要通过手或支架调整道具的显示角度，从而确保需要展示的内容在拍摄范围内，不过这样操作会使用户在观看时需要调整角度才能看到道具的正面，不是那么方便。

6.4　剪辑技巧：后期编辑课程

素材　　效果

拍摄完成后，运营者需要对视频进行编辑，从而制作成更正式、更美观的课程视频。市面上可以剪辑视频的软件有很多，运营者可以根据自身情况进行选择。剪辑时运营者要根据拍摄方式的不同对视频进行相应的编辑，如录屏视频最好添加一些指示箭头，更便于用户了解操作步骤。

本节以录屏视频为例，介绍使用剪映 App 进行裁剪素材、时长剪辑、音频剪辑、字幕编辑、添加贴纸以及导出视频的操作方法。

6.4.1 裁剪素材：选取画面内容

运营者要先将素材导入剪映 App 中，再对短视频进行剪辑处理。一般来说，如果运营者需要对素材整体进行编辑，最好在导入素材后就进行，这样可以避免后续的其他操作将素材分割成多个片段，增加了整体编辑的难度。下面介绍导入和裁剪视频素材的操作方法。

Step 01 点击手机桌面中剪映 App 对应的图标，如图 6-13 所示。

Step 02 执行操作后，进入剪映 App 的"剪辑"界面，点击界面中的"开始创作"按钮，如图 6-14 所示。

Step 03 执行操作后，进入"照片视频"界面，❶选择要导入的视频素材；❷选中"高清画质"单选按钮；❸点击"添加"按钮，如图 6-15 所示。

图 6-13　点击剪映 App 图标　图 6-14　点击"开始创作"按钮　图 6-15　点击"添加"按钮

Step 04 执行操作后，即可将素材成功导入视频轨道中，如图 6-16 所示。

Step 05 素材导入完成后，运营者可以对素材进行裁剪，只留下想要显示的画面内容。❶选择导入的素材；❷点击"编辑"按钮，如图 6-17 所示。

Step 06 执行操作后，进入编辑工具栏，点击"裁剪"按钮，如图 6-18 所示。

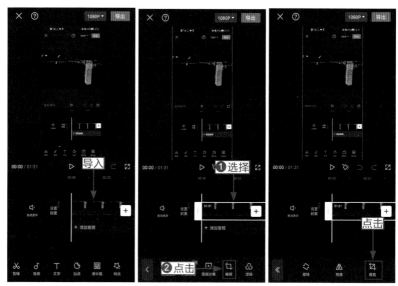

图 6-16　导入素材　　　图 6-17　点击"编辑"按钮　　　图 6-18　点击"裁剪"按钮

Step 07 执行操作后，即可进入"裁剪"界面，运营者此时可以调整素材的旋转角度、显示比例和显示内容。可以看到由于素材是手机录屏得来的，在正上方会显示一些与视频内容无关的系统图标，运营者可以按住九宫格线最上方的横线并稍微向下拖曳，将系统图标调整至画面显示范围外，如图 6-19 所示。

Step 08 调整完成后松开横线，❶剪映会自动进行裁剪；❷点击✓按钮，即可完成素材的裁剪，如图 6-20 所示。

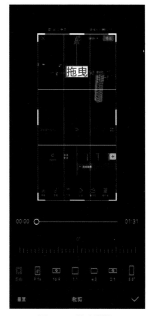

图 6-19 拖曳横线

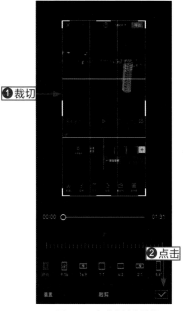

图 6-20 完成素材的裁剪

6.4.2 时长剪辑：删除多余片段

运营者在视频录制过程中难免会出错，这时可以使用剪映 App 的"分割"和"删除"功能对视频进行剪辑处理，从而删除出错和多余的片段，精简视频的时长。

Step 01 ❶拖曳时间轴至需要分割的位置；❷选择视频素材；❸点击"分割"按钮，如图 6-21 所示。

Step 02 执行操作后，即可完成视频素材的分割，如图 6-22 所示。

Step 03 ❶选择前半段不需要的素材；❷点击"删除"按钮，如图 6-23 所示，即可删去不需要的素材片段。这种方法可以用来删除任意位置的多余片段，只需要在多余片段的前后进行分割操作，将多余的片段分割出来，再将其删除即可。

Step 04 另外，运营者还可以：❶选择视频素材；❷按住素材右侧的白色拉杆并适当地向左拖曳，如图 6-24 所示。

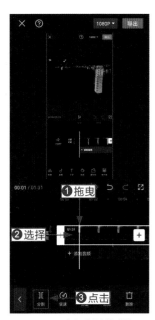

图 6-21 点击"分割"按钮

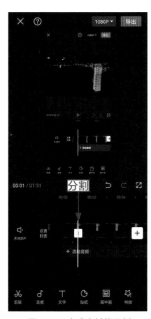

图 6-22 完成素材的分割

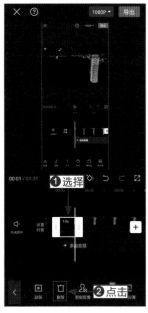

图 6-23 点击"删除"按钮

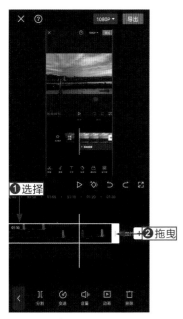

图 6-24 拖曳白色拉杆

Step 05 执行操作后，可以看到素材的时长变短了，如图 6-25 所示。这种方法只适用于多余片段在素材开头或末尾的情况，而且不容易控制删除片段的多少。

运营者可以灵活地运用这两种方法删除多余片段，效果如图 6-26 所示。

图 6-25　素材时长变短

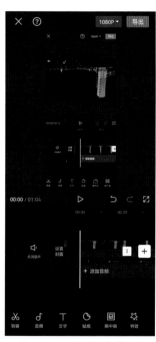

图 6-26　删除多余片段的效果

6.4.3　音频剪辑：讲解操作方法

运营者可以选择通过后期配音的方式为视频添加讲解，也可以在视频录制过程中进行相应的讲解，再在剪辑时对视频的声音进行降噪或音量的调整。下面分别介绍为视频进行配音和降噪的操作方法。

1．为视频配音

如果运营者要为视频重新配音，可以直接使用剪映 App 的"录音"

功能进行录制，录制完成后还可以对录好的音频进行设置，如设置音量大小、淡化效果、变声效果等。

Step 01 点击"关闭原声"按钮，如图6-27所示，即可关闭视频原来的声音。

Step 02 点击"音频"按钮，如图6-28所示。

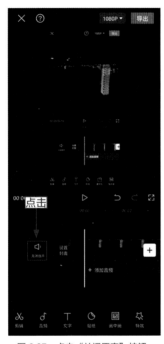 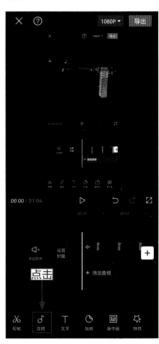

图6-27 点击"关闭原声"按钮　　　　图6-28 点击"音频"按钮

Step 03 执行操作后，弹出音频工具栏，点击"录音"按钮，如图6-29所示。

Step 04 执行操作后，弹出"按住录音"面板，如图6-30所示。运营者只需要按住按钮即可开始录音，松开按钮即可结束录音。

> **特别提醒**
>
> 运营者在使用剪映App的"录音"功能进行录音时，要注意以下两个方面。
> * 在录制时保持一个安静的环境，避免有杂音干扰。
> * 录音时要与手机保持适当距离，太近会有录下呼吸声和喷麦声的可能，太远录下的声音会很小，有条件的可以准备一个手机外接录音设备。

图 6-29　点击"录音"按钮　　　　图 6-30　弹出"按住录音"面板

2．为视频降噪

因为视频是用来进行教学的，所以不必添加背景音乐，否则会干扰用户的学习。运营者可以为视频设置降噪，再调节音量的大小即可。

Step 01 点击"开启原声"按钮恢复视频的声音，❶选择视频素材；❷点击"降噪"按钮，如图 6-31 所示。

Step 02 执行操作后，弹出"降噪"面板，开启"降噪开关"，如图 6-32 所示。

Step 03 执行操作后，弹出"降噪中"进度框，降噪完成后会自动开始播放视频。如果运营者觉得视频的声音不够大，可以点击"音量"按钮，如图 6-33 所示。

Step 04 执行操作后，弹出"音量"面板，拖曳白色圆环滑块，设置"音量"参数为 405，即可调大声音，如图 6-34 所示。

图 6-31　点击"降噪"按钮

图 6-32　开启"降噪开关"

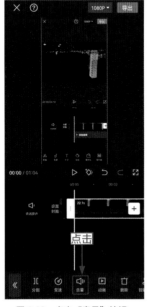

图 6-33　点击"音量"按钮

图 6-34　设置"音量"参数

6.4.4 字幕编辑：自动识别字幕

为视频添加字幕是非常有必要的，这样可以避免用户在观看视频的过程中因为各种原因对运营者的讲解内容产生误解。在剪映 App 中，运营者可以根据讲解一个一个地添加相应的字幕，但是这种方法费时费力，并不是很推荐。

运营者最好使用剪映 App 中的"识别字幕"功能，对视频中的声音进行识别并自动生成字幕，这样只需要对识别错误的内容进行修改即可。不过，使用"识别字幕"功能生成的字幕会受运营者的普通话水平影响，如果运营者的普通话标准，字幕出错的概率就会比较小，修改错误所需的时间也会比较少。

生成字幕后，运营者还可以根据需求设置文字的样式，为文字添加花字、气泡和动画效果，让文字更醒目。但是，运营者在设置样式和添加效果时要记得字幕是为了方便用户学习的，最好不要设置得太花哨，这样容易分散用户的注意力，下面介绍字幕编辑的方法。

Step 01 返回到主界面，点击"文字"按钮，如图 6-35 所示。

Step 02 执行操作后，在文字工具栏中点击"识别字幕"按钮，如图 6-36 所示。

图 6-35 点击"文字"按钮　　图 6-36 点击"识别字幕"按钮

Step 03 执行操作后，会弹出"自动识别字幕"对话框，运营者可以根据实际情况选择识别的对象或清空已有字幕，点击"开始识别"按钮，如图 6-37 所示。

Step 04 执行操作后，界面上方会显示"字幕识别中"，识别完成后会自动生成对应的文字轨道，如图 6-38 所示。

图 6-37　点击"开始识别"按钮　　　　图 6-38　生成文字轨道

Step 05 如果识别的字幕内容有错误，运营者可以进行修改。❶选择第一段文字轨道；❷点击"样式"按钮，如图 6-39 所示。

Step 06 ❶在弹出的面板中修改文字内容；❷切换至"样式"选项卡；❸切换至"粗斜体"选项区；❹点击粗体按钮**B**，为文体添加加粗效果，如图 6-40 所示。

Step 07 ❶切换至"花字"选项卡；❷选择合适的花字样式，如图 6-41 所示。

Step 08 ❶切换至"动画"选项卡；❷在"入场动画"选项区中选择"渐显"动画，如图 6-42 所示。

图 6-39 点击"样式"按钮

图 6-40 添加粗体效果

图 6-41 选择花字样式

图 6-42 选择"渐显"动画

Step 09 ❶切换至"出场动画"选项区；❷选择"渐隐"动画，如图6-43所示。

Step 10 用与上同样的方法，修改其他文字轨道中的错误，并添加相应的动画，❶选择第一段文字轨道；❷调整文字在画面中的大小和位置，如图6-44所示。

图 6-43　选择"渐隐"动画

图 6-44　调整文字的大小和位置

> **特别提醒**
>
> 从图6-41中可以看到一个"字体、样式、花字、气泡、位置应用到识别字幕"单选按钮，只要选中这个单选按钮，运营者对任意一段字幕轨道的字体、样式、花字、气泡以及位置进行的设置，都会同步到所有识别生成的字幕轨道上，这样就节省了运营者一个一个去设置的时间。
>
> 这个单选按钮默认是选中状态，如果运营者想单独对每段字幕进行设置，要先取消选中该单选按钮，再开始设置。

6.4.5　添加贴纸：明确操作对象

手机软件的操作教学视频常常会出现一个问题，就是虽然有文字和语音两种方式的讲解，但有时用户还是找不到要选择或点击的对象。

针对这个问题，运营者可以通过添加箭头贴纸来解决，下面介绍操作方法。

Step 01 返回到主界面，❶拖曳时间轴至需要添加贴纸的位置；❷点击"贴纸"按钮，如图 6-45 所示。

Step 02 ❶切换至"箭头"选项卡；❷选择一款合适的贴纸，如图 6-46所示。

图 6-45 点击"贴纸"按钮

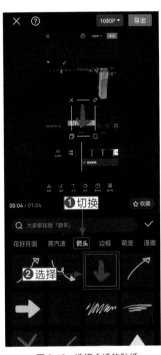

图 6-46 选择合适的贴纸

Step 03 点击✅按钮完成贴纸的添加，在预览区域调整贴纸的位置和大小，让箭头指向需要选择的对象，如图 6-47 所示。

Step 04 点击"复制"按钮，复制一个贴纸，❶按住复制的贴纸轨道向右拖曳，将其移动至下一个需要添加贴纸的位置；❷调整贴纸的位置，如图 6-48 所示。用与上同样的方法，为剩下的素材添加相应的贴纸即可。

图 6-47　调整贴纸的位置和大小

图 6-48　调整贴纸的位置

6.4.6　导出视频：设置视频参数

　　视频剪辑完成后，就可以导出视频了。在导出之前，运营者可以设置视频的分辨率和帧率。分辨率指的是视频在一定区域内包含的像素点数量，单位为每英寸像素（pixel per inch，简称 ppi），如 1280×720 就代表着在这个区域内横向有 1280 个像素，纵向有 720 个像素；但是在日常生活中视频分辨率一般用 P（progressive，意为逐行扫描）表示，P 指的是纵向的像素点数量，如 720P 就代表纵向有 720 个像素。帧是组成视频的基本单位，帧率是测量显示帧数的量度，测量单位一般为每秒显示帧数（frames per second，简称 FPS 或 fps）。

　　一般来说，分辨率越高，视频画面越清晰；帧率越高，视频流畅度越高。但分辨率或帧率越高，视频文件占用的存储空间也就越大，运营者要根据实际情况进行设置。下面介绍导出视频的操作方法。

Step 01 点击界面右上方的 1080P 按钮，如图 6-49 所示，会弹出相应面板，从中可以看到，剪映 App 默认的导出视频"分辨率"为 1080P，"帧率"为 30fps。

Step 02 在面板的最下方显示了在当前分辨率和帧率下视频文件的预计大小，如果运营者想减少视频文件占用的存储空间，可以在适当降低"分辨率"或"帧率"参数后再导出。如❶拖曳"分辨率"滑块，将"分辨率"设置为 720P；❷拖曳"帧率"滑块，将"帧率"设置为 25fps；❸点击"导出"按钮，如图 6-50 所示，即可跳转至导出界面，界面中会显示导出进度，导出完成后运营者可以在手机中查看视频。

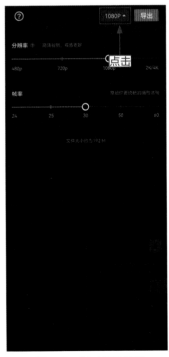

图 6-49 点击 1080P 按钮

图 6-50 设置参数并导出

第**7**章

学浪：
综合学习平台

学浪与抖音、今日头条、西瓜视频等多平台合作，为想通过课程变现的运营者提供了课程管理、用户运营等一站式服务。本章介绍学浪平台的入驻流程、课程管理和提现操作，帮助运营者通过平台获得更多收益。

7.1 学浪平台：课程营销服务

运营者制作好课程后，就会面临一系列新的问题，如怎样在抖音上售卖课程、怎样将课程发送给购买的用户、怎样才能和所有购买课程的用户进行交流，这一切的问题都可以在学浪平台上得到解决。

学浪平台是大力教育旗下的综合性学习平台，为运营者提供了一站式的课程营销和管理服务，也为用户提供了线上学习的新途径。图7-1所示为学浪平台的三大优势。

图 7-1　学浪平台的三大优势

运营者可以入驻学浪平台，通过平台进行课程的创建、上架以及用户的管理等一系列操作。本节介绍学浪平台的入驻须知、入驻流程以及绑定抖店的操作方法。

7.1.1 入驻须知：了解相关要求

学浪对于很多运营者来说是一个陌生的平台，因此运营者在入驻前最好了解入驻平台的相关要求。学浪平台的入驻须知如下。

❖ 平台支持个人和机构两种身份入驻，运营者可以根据自身情况选择其中一种身份进行入驻。

❖ 入驻时填写的各类认证资料（如手机号、抖音账号、身份证号码等）必须与本人的真实信息一致。

❖ 平台有 4 类课程商品暂不支持入驻，分别是心理咨询培训类、金融行业资格培训类、学龄前培训类和中小学科培训类课程。

❖ 平台目前只支持视频类、直播类以及视频＋直播类（即组合课程）课程商品，图文类、音频类课程商品不能入驻。

运营者了解入驻须知后还不能马上进行入驻，为了提高入驻的成功率和效率，运营者还需要了解入驻学浪平台需要满足的资质要求和准备的材料。在入驻过程中，运营者要提交主体资质、品牌资质和行业资质的证明材料。

❖ 主体资质：即入驻身份的证明材料。如果运营者是以个人身份入驻，则需要提供身份证信息和照片；如果运营者是企业或个体工商户，以机构的身份进行入驻，则需要提供营业执照、法定代表人/经营人的身份证以及银行账户信息的相关资料。

❖ 品牌资质：企业或个体工商户进行入驻时，还需要提供与品牌相关的商标文件资料，如商标注册证。

❖ 行业资质：即选择教学领域时需要提供的教学资质证明。例如，运营者选择的教学领域或准备售卖的课程商品是摄影摄像，就需要提供教师资格证书、大学专科及其以上的学历证明、相关职业资格证书中的任意一种资质证明。

7.1.2 入驻流程：3 步轻松完成

运营者入驻学浪平台要经历 3 个步骤，分别是登录入驻页面、选择入驻类型和等待入驻审核。下面介绍各个步骤的操作方法和注意事项。

1. 登录入驻页面

学浪平台有特定的入驻页面，运营者一般很难直接搜索到，可以单击平台提供的网址跳转至相应页面，进行登录。下面介绍登录入驻页面的操作方法。

Step 01 搜索并进入学浪平台的首页，单击"免费入驻"按钮，如图 7-2 所示。

图 7-2　单击"免费入驻"按钮

Step 02　执行操作后，进入"学浪小百科"页面，默认显示"入驻学浪"的相关信息，在页面的"入驻操作流程"区域，单击入驻网址链接，如图 7-3 所示。

图 7-3　单击入驻网址链接

Step 03　执行操作后，进入学浪教育平台入驻页面，如图 7-4 所示。达人要先在相应文本框中输入手机号，再单击"获取验证码"按钮，收到短信后填入验证码，然后选中"已阅读并同意'用户协议'和'隐私政策'"单选按钮，最后单击"登录"按钮即可完成登录。

图 7-4 进入学浪教育平台入驻页面

2．选择入驻类型

运营者完成登录后，会自动跳转至"选择入驻类型"页面，如图 7-5 所示，运营者可以根据自身情况选择入驻类型，并填写相应的资质认证信息和签订入驻协议。下面分别介绍个人入驻和机构入驻需要填写的信息以及相关操作。

图 7-5 "选择入驻类型"页面

1）个人入驻

运营者如果以个人身份入驻学浪平台，就在"选择入驻类型"页面中单击"个人入驻"按钮，进入"填写教师资质"页面，在这一页面中运营者需要完成实名认证和绑定抖音账号操作，然后填写昵称、个人邮箱、职业、教学领域等信息，并上传个人的真实照片，在填写教学领域时还要上传相应的资格证书照片。

图 7-6 所示为部分需要填写的教师资质内容。可以看到有些项目前面有一个红色的星形符号，这意味着这个项目是必填项目，如果不填写将无法进行后续操作；而没有红色星形符号的项目就是选填项目，填写与否都不会影响后续的入驻操作。

图 7-6　部分需要填写的教师资质内容

运营者信息填写完成后，单击"下一步"按钮，即可进入签订入驻协议环节。在这一环节中，运营者要先打开抖音 App，扫描页面中的二维码，在跳转出的手机界面中签署承诺函，再在"签订入驻协议"页面中阅读注册协议，阅读完后选中"我已阅读并同意以上协议"单选按钮，单击"下一步"按钮，即可进入"认证审核"页面。

2）. 机构入驻

机构入驻和个人入驻的流程差不多，都是先填写信息再签订协议，但需要填写的资质信息要更多。如果运营者选择以机构身份入驻，就在"选择入驻类型"页面中单击"机构入驻"按钮，进入"填写机构信息"页面。在这个页面中运营者要填写的信息分为 3 类，分别是机构所有者的账号信息、机构信息和机构资质信息。

其中，账号信息包括机构所有者的手机号码、实名信息和抖音账号；机构信息包括机构图标、机构名称、商标注册证、机构介绍和主营类目；机构资质信息包括营业执照、公司名称、营业执照注册号、营业期限、法人身份证照片、法人姓名和法人身份证号。

3. 等待入驻审核

运营者进入"入驻审核"页面后，会看到页面显示"审核中"，如图 7-7 所示。一般来说，学浪平台会在 1 个工作日内以短信的形式告知运营者审核结果，因此运营者最好选择在星期一至星期四中的任意一天进行入驻申请，并在提交申请后注意手机收到的短信提醒。如果运营者在星期五申请入驻，那么可能会在下周的星期一才收到审核结果的短信，中间的两天周末就被浪费了。

图 7-7　页面显示"审核中"

如果运营者收到审核未通过的短信，就要重新登录入驻页面，进入"入驻审核"页面，单击"点击此处可进行信息修改"链接，如图 7-8 所示，根据提示修改未通过的信息后，再重新提交审核。

图 7-8　单击"点击此处可进行信息修改"链接

7.1.3　绑定抖店：售卖付费课程

运营者的入驻信息通过审核后，就算成功入驻学浪平台了，但此时的运营者只能创建免费课程，想创建付费课程和发布优惠券还要开通并绑定抖店。如果运营者有一个符合条件的抖店，可以直接进行绑定；而如果运营者还没有开通抖店，可以通过学浪进行开通和绑定，下面分别介绍相应的操作方法。

1. 已有抖店的绑定

运营者的抖店只要符合店铺的营业执照内包含教育培训、教育咨询、教育信息咨询字样的其中之一，且店铺处于正常营业状态的条件就可以直接进行绑定，绑定时运营者可以选择给抖店绑定官方抖音账号或渠道抖音账号，官方抖音账号和渠道抖音账号的最大区别在于，一个抖店只能绑定一个官方抖音账号，但可以绑定多个渠道抖音账号，运营者需要根据自己的实际情况进行选择。

如果运营者只有一个抖音账号，那就推荐绑定这个账号作为抖店的官方账号；如果运营者有好几个账号，那就自行决定哪一个账号作为官方账号，剩下的账号作为渠道账号。下面介绍具体的操作方法。

Step 01 打开并登录学浪老师版，❶单击左侧导航栏中的"交易管理"；❷在展开的选项中单击"关联抖店设置"，进入"关联抖店设置"页面；如果运营者要为抖店绑定官方账号，❸单击"店铺官方抖音账号"

右侧的"立即绑定"按钮，如图7-9所示。

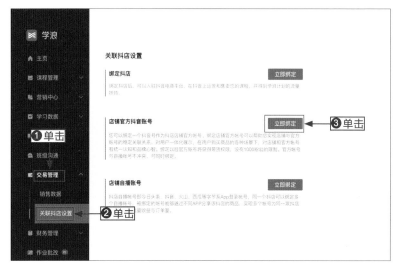

图 7-9　单击"立即绑定"按钮（1）

Step 02　执行操作后，自动跳转至"抖店"后台页面，单击"立即绑定"按钮，如图7-10所示。

图 7-10　单击"立即绑定"按钮（2）

Step 03　执行操作后，进入"抖音账号绑定"页面，如图7-11所示。运营者要先用登录了相应账号的抖音 App 扫描二维码，再选中"我已阅读过并同意《账号绑定协议》"复选框，最后单击"确认绑定"按钮即可完成绑定。

Step 04　如果运营者要为抖店绑定渠道账号，就单击"店铺自播账号"右侧的"立即绑定"按钮，跳转至"抖店"后台页面，单击左侧导航栏中的"店铺"，在展开的选项中单击"渠道管理"，进入"渠道管理"页面，单击"抖音橱窗"右侧的"申请开通"按钮，根据提示完成开通操作，效果如图 7-12 所示。

图 7-11 进入"抖音账号绑定"页面

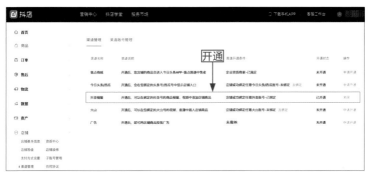

图 7-12 开通"抖音橱窗"

Step 05 ❶单击"渠道账号管理"选项卡，进入"渠道账号管理"页面；❷单击"新增绑定账号"按钮，如图 7-13 所示。

Step 06 执行操作后，进入"新增绑定账号"页面，❶在"1. 选择账号渠道"选项区中选中"抖音"单选按钮，❷单击"2. 绑定账号"选项区中的"登录需要绑定的账号"按钮；❸弹出"手机号登录"对话框，如图 7-14 所示。运营者完成登录后单击"确认绑定"按钮，即可完成渠道账号的绑定。

图 7-13　单击"新增绑定账号"按钮

图 7-14　弹出"手机号登录"对话框

2．开通并绑定抖店

目前抖店一共有 3 种，分别是个人抖店、个体工商户抖店和企业抖店。运营者根据入驻类型可以选择开通相应的抖店，个人入驻的运营者可以通过学浪开通一个个人抖店；机构入驻的运营者可以通过学浪开通一个个体工商户抖店或企业抖店。抖店开通成功后，会自动和学浪账户进行绑定，无须运营者再进行任何操作。下面介绍开通抖店的操作方法。

Step 01 打开并登录学浪老师版，①单击左侧导航栏中的"交易管理"；②在展开的选项中单击"关联抖店设置"，进入"关联抖店设置"页面；③单击"绑定抖店"右侧的"立即绑定"按钮，如图 7-15 所示。

图 7-15　单击"立即绑定"按钮

Step 02 执行操作后，自动跳转至"学浪"登录页面，重新输入登录信息，单击"登录"按钮，在弹出的信息提示框中单击"登录抖店"按钮，如图 7-16 所示。

图 7-16　单击"登录抖店"按钮

Step 03 执行操作后，进入"抖店"登录页面，运营者输入与学浪绑定的手机号码并填写收到的验证码，单击"登录"按钮后会弹出信息提示框，提醒运营者"该账号暂未开通抖店店铺"，接下来单击"开始入驻"按钮，如图 7-17 所示。

图 7-17　单击"开始入驻"按钮

执行操作后，即可进入开通抖店页面。运营者通过学浪开通抖店一共要经过 4 个环节，分别是填写店铺信息、进行账户验证、缴纳保证金和录入收款账户。店铺信息包括入驻主体的身份证照片、姓名、身份证号码、身份证有效期，以及店铺 Logo（Logotype 的缩写，意为商标、徽标）、名称、管理员的姓名和手机号，具体要求和说明，如图 7-18 所示。

店铺信息填写完毕后，运营者单击"下一步"按钮即可进入账户验证环节，填写银行卡号和相对应的银行卡预留手机号。需要注意的是，银行卡的持卡人姓名要和店铺信息中绑定的姓名保持一致。

完成账户验证后，单击"下一步"按钮即可进入缴纳保证金环节，运营者需要缴纳 5000 元的保证金才能进入下一环节。录入收款账户环节会自动获取前面环节填写的部分信息，运营者需要填写在账户验证环节中输入的银行卡号对应的开户银行、开户地址和开户支行名称，填写完成后，单击"提交审核"按钮，等待审核即可。

- **身份证**
  - 请提供有效期限范围内的证件，证件需要露出四角，请勿遮挡或模糊，确保信息清晰可见
  - 图片尺寸为800*800px以上，支持PNG、JPG和JPEG格式，大小不超过5MB
- **姓名/身份证号码/身份证有效期**：上传完身份证照片后，系统会自动识别填写
- **店铺logo要求**
  - logo中不得含有隐私信息、广告语、二维码、网址或任何联系方式
  - logo不得侵权，若涉及第三方版权内容或素材，请在品牌资质中提供授权或上传其他logo
  - logo不得涉及政治敏感/恐怖惊吓类/过于暴露类
  - 图片尺寸为800*800px以上，支持PNG、JPG和JPEG格式，大小不超过5MB
- **店铺名称**：30个字以内，两个英文算一个字，名称不得包含品牌名称
- **管理员姓名**：建议与老师姓名保持一致
- **管理员手机号**：建议与开通抖店的手机号保持一致

图 7-18　填写店铺信息的要求和说明

7.2　课程管理：优化课程体验

运营者完成入驻和抖店绑定后，就可以在学浪平台上创建收费课程并获得收益了。运营者可以根据需求创建直播课、视频课和组合课；也可以将部分视频课设置为免费试听，增加课程的人气；还可以通过学浪平台布置课程作业和上传课程课件，为用户提供更全面、更细致的课程体验。通过学浪 App 售卖出课程后，运营者就可以将获得的收益进行提现。

7.2.1　新建直播课：上传课程资料

直播课程是一种通过直播的方式进行知识点讲解的课程类型，运营者创建直播课程有 4 个步骤，依次是填写课程信息、新建课时内容、新建学习计划以及上传课程资料。

1．填写课程信息

运营者打开并登录学浪老师版，单击左侧导航栏中的"课程管理"，在展开的列表框中单击"直播课"。执行操作后，即可进入相应页面，单击右上方的"新建直播课"按钮，如图 7-19 所示，即可进入信息填

写页面，开始创建课程。

图 7-19　单击"新建直播课"按钮

　　在信息填写页面中，运营者需要填写课程的基础信息、图文介绍、课程配置，并对课程的上架状态和版权保护进行设置。下面介绍各部分的具体内容和注意事项。

　　1）填写基础信息

　　运营者需要填写的基础信息包括课程名称和所属类目。其中，课程名称要控制在 17 个字以内，最好要突出课程重点，这样才有吸引力；课程的所属类目要根据运营者入驻时选择的"教学领域"进行选择，不能跨领域选择，但是运营者在入驻后可以增加新的教学领域。

　　2）填写图文介绍

　　在图文介绍部分，运营者需要上传封面图片，并填写课程详情。因为封面图片和课程详情是用户判断课程价值、了解课程内容的重要依据，所以运营者要认真填写和设置。

　　其中，课程详情支持添加文字和图片两种形式的内容，但文字内容只在学浪端展示，而图片内容则在抖音端和学浪端都会展示，因此建议运营者先将课程详情制作成图片，再进行上传，这样展示的范围会更大。

　　另外，如果运营者的课程中使用了名人、明星的肖像，就需要上传肖像权的授权证明材料，以避免侵权。

3）填写课程配置

课程配置包括课程的售卖信息、授课信息、服务信息以及教材，可以按班级进行售卖。例如，一个手机版剪映入门教程，运营者可以按上课时间设置为暑假班和寒假班，不同班级的售价和内容可以相同，也可以不同，这样有利于运营者打造出一个持续更新、并能积累许多口碑和人气的课程，以获得更多的变现收益。

创建班级时运营者要填写班级名称、设置班级封面、售卖价格、主讲老师、课程有效期、课时数、人数限制等信息，还可以开启抖音群聊服务和学浪群聊服务，用户在购买课程后会被拉入相应的班级群中，以方便运营者与用户进行沟通。如果运营者的课程有实体教材，还可以单击"配套实物教材"按钮，填写教材名称。

4）设置其他信息

运营者还需要对课程的上架状态和版权保护信息进行设置，以保护课程、自身和用户的权益不被损害。

课程的上架状态有两种，一种是立即上架，另一种是暂不上架，存为草稿。如果运营者选择立即上架，平台就会对课程信息进行审核，审核通过后，课程的销售状态会显示为"已上架"；如果运营者选择暂不上架，存为草稿，课程的销售状态则会显示为"未上架"。

此外，学浪平台为运营者提供了防盗录、跑马灯、版权声明等功能来保护运营者的版权不被侵害。例如，运营者选择开启防盗录功能后，在直播过程中用户将无法使用录屏软件、截图软件或设备自带的录屏截图功能对课程内容进行录制或截取，这样就可以避免出现有人盗录课程内容进行转卖的情况。

2．新建课时内容

完成课程信息的填写后，运营者单击"提交审核"按钮，会自动跳转至新建课时页面，单击"新建课时"按钮，如图 7-20 所示，就会弹出"新建课时"面板。运营者需要在"新建课时"面板中填写和设置课时内容，包括课时名称、授课老师、课时时间和输出画质等，并上传相应课件。

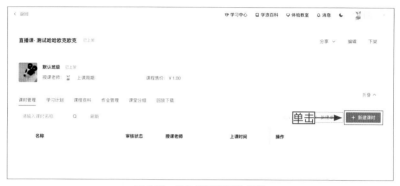

图 7-20　单击"新建课时"按钮

课时就相当于课程表，用户在查看课程信息时可以通过课时信息了解上课时间和课程内容，所以运营者在填写课时名称时最好能体现知识点，这样可以方便用户了解课程的知识点安排。

另外，运营者上传课件时可以选择上传本地课件，或绑定已上传的课件。课件只支持 PDF（portable document format，便携式文档格式）格式，运营者需要事先准备好相应格式的文档。

3. 新建学习计划

学习计划是学浪平台为了帮助运营者更好地达到教学效果、提高用户的学习效率而开设的功能，运营者可以根据教学目标设置相应的学习计划，引导用户一步步进行学习。

运营者需要：❶切换至"学习计划"选项卡；❷单击"开启学习计划"按钮，如图 7-21 所示，在弹出的"开启学习计划"面板中填写学习计划的标题、说明和效果，并单击"确认"按钮，即可完成创建。

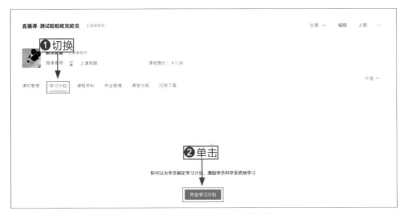

图 7-21　单击"开启学习计划"按钮

4．上传课程资料

课件是讲解的课程知识点的文字版本，包含全部课时内容，而课程资料则是课程的补充说明，起到帮助用户更快理解课程内容的作用。

运营者在完成学习计划的创建后，自动返回到课程详情页面，❶单击切换至"课程资料"选项卡；❷单击"上传"按钮，如图 7-22 所示，在弹出的"课程资料"面板中进行资料的上传。

图 7-22　上传课程资料

与课件不同的是，课程资料支持上传 PDF 文档、Word 文档、Powerpoint 演示文稿、Excel 表格、图片、视频、音频、文本文档等多种格式，这就减少了运营者在上传资料时出现格式错误的情况。

7.2.2　新建视频课：上传课时视频

创建视频课程也有 4 个步骤，分别是填写课程信息、新建课时内容、新建学习计划和上传课程资料。其中，填写课程信息、新建学习计划和上传课程资料的操作步骤与创建直播课的课程详情方法相同，但新建课时内容的操作方法却大有不同。

直播课程是通过多场直播进行授课的，所以创建直播课的课时内容时运营者只需要填写和设置课时名称、课时时间和输出画质等内容；而视频课程是通过教学视频进行知识和技巧的讲解，因此运营者在创建视频课程前，要先制作好课时视频，在新建课时内容的过程中直接进行上传。图 7-23 所示为上传课时视频的要求和说明。

- 支持选择多个视频，一次性上传的视频不超过200个；
- 推荐视频宽高比16:9，效果最佳；
- 推荐视频格式：mp4、mov；
- 单个视频大小不超过10GB，视频时长不可小于3秒；
- 建议依据上课顺序上传课时，上传后的视频可拖曳调整排序；
- 课时标题默认为视频文件名，可根据需要进行编辑，不超过20个字；
- 上传的视频默认不开启免费试看，需要开启的课时可在课时列表中进行操作，开启免费试看后，该课时支持用户免费试看。

图 7-23　上传课时视频的要求和说明

运营者在课程详情页面单击"新建课时"按钮，即可弹出"新建课时"面板。运营者可以单击添加按钮田，如图 7-24 所示，在弹出的对话框中选择相应视频文件并单击"确定"按钮进行上传；也可以将视频文件拖曳至面板的上传框中，直接进行上传。上传完成后，单击面板下方的"提交审核"按钮，等待审核，审核通过后即可完成课时的创建。

上传课时视频时，运营者可以根据制作好的课时视频数量决定上传的视频数量。例如，运营者只制作好了一部分视频，可以选择先上传这部分视频，在后续上课的过程中再继续制作并上传视频即可，操作步骤都是一样的。

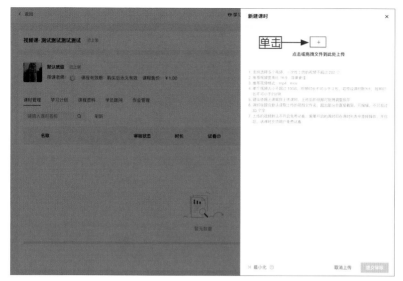

图 7-24　单击添加按钮

7.2.3　新建组合课：分类进行操作

创建组合课程也是要先新建课程详情，再新建课时内容。不过，因为组合课程中既有直播课又有视频课，所以在创建课时内容时，运营者要先选择新建课时的类型，再进行创建，创建过程也因课时类型的不同而有所差别。例如，运营者选择创建直播课，那就需要按照直播课的课时创建步骤进行操作。

7.2.4　开启试听：吸引用户观看

运营者可以将视频课程中的部分课时或组合课程中的视频课时设置为试听课，让用户免费观看课程的部分内容，了解老师（即运营者）的讲课方式和风格，以此来决定要不要购买课程。下面介绍设置试听课的操作方法。

Step 01 打开并登录学浪教师版，单击左侧导航栏中的"课程管理"，在展开的选项中单击"视频课"，此时页面会显示运营者所有视频课程的信息。单击相应视频课程右侧的"教学管理"按钮，如图 7-25 所示。

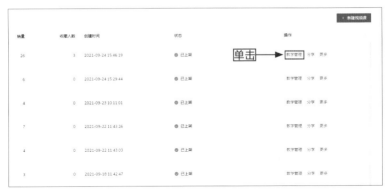

图 7-25　单击"教学管理"按钮

Step 02 执行操作后，进入该课程的课时管理页面，在要设置的课时右侧进行以下操作❶选中"可试看"复选框；❷单击"全部"右侧的下拉按钮；❸在弹出的列表框中选择"前 5 分钟"选项，如图 7-26 所示，即可将该课时的前 5 分钟设置为免费试看内容。

图 7-26　选择"前 5 分钟"选项

> **特别提醒**　在图 7-26 中可以看到，时长为 6 分钟的课时在设置试看内容时长的时候只能选择"全部"或"前 5 分钟"选项，"前 10 分钟"和"前 15 分钟"两个选项呈置灰状态，且无法选择。这是为了保证运营者设置的试看内容时长一定小于或等于课时时长，如果试看时长大于课时时长，那么在多出来的试看时长中用户就会没有内容可观看。

运营者设置好试看内容后，用户在查看课程信息时，"课程大纲"中的部分课时右上角会显示"免费试看"字样，如图 7-27 所示，以此可吸引用户前往试看。

图 7-27　显示"免费试看"字样

7.2.5　布置作业：复习巩固知识

　　布置作业可以帮助用户复习和巩固知识点，运营者可以在题库中挑选已有的题目作为作业发布，也可以自己添加新题目到题库中，再作为作业发布。下面介绍运用题库中已有的题目布置作业的操作方法。

Step 01 打开并登录学浪老师版，❶单击左侧导航栏中的"课程管理"；❷在展开的选项中单击"视频课"；❸单击需要布置作业的课程右侧的"教学管理"按钮，如图 7-28 所示。

图 7-28　单击"教学管理"按钮

Step 02 执行操作后，进入课程详情页面，❶单击"作业管理"选项卡；

②单击"布置作业"按钮，如图 7-29 所示。

图 7-29　单击"布置作业"按钮

Step 03 执行操作后，进入"布置作业"页面，❶填写"作业名称"和"开始时间"；❷单击"添加题目"按钮，如图 7-30 所示。

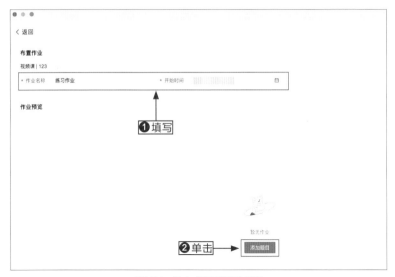

图 7-30　单击"添加题目"按钮

Step 04 执行操作后，进入"我的题库"页面，运营者可以单击相应题目右侧的"加入"按钮，将题目添加到"试题篮"中，如图 7-31 所示。

Step 05 ❶单击页面右侧的"试题篮"按钮；❷在展开的面板中单击"预览"按钮，如图 7-32 所示。

Step 06 执行操作后，进入相应页面，首先完善题目内容；然后单击右上方的"保存"按钮，如图 7-33 所示。跳转至"布置作业"页面，单击"保存并发布"按钮，在弹出的"作业发布确认"对话框中单击"确认"按钮，即可发布作业。

图 7-31　单击"加入"按钮

图 7-32　单击"预览"按钮

图 7-33　单击"保存"按钮

7.2.6 上传课件：了解课程内容

课件是用户可以在直播课程中进行观看的 PDF 或 PPT 文件，在一定程度上可以充当直播课程的课本，帮助用户了解课程内容。下面介绍上传课件的操作方法。

Step 01 打开并登录学浪老师版，❶单击左侧导航栏中的"课件管理"；❷在展开的页面中单击"新建课件"按钮，如图 7-34 所示。

图 7-34　单击"新建课件"按钮

Step 02 执行操作后，弹出"新建课件"面板，❶按要求填写信息和上传课件；❷单击"确认"按钮，如图 7-35 所示。

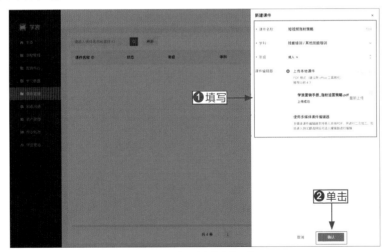

图 7-35　填写信息并上传课件

Step 03 执行操作后，即可完成课件的上传，确认无误后单击"提交审核"按钮，审核通过后即可预览上传的课件。

除了上传已经制作好的课件外，运营者还可以利用学浪平台的多媒体编辑器在线新建和编辑课件。运营者只需要在"新建课件"面板中填写相关信息，并选中"使用多媒体课件编辑器"单选按钮，单击"确认"按钮后即可跳转至多媒体编辑页面，单击"新建课件页"按钮可以新建课件内容，单击"导入 PDF"按钮可以导入制作好的课件进行编辑。

7.2.7 提现操作：课程收益到账

学浪平台支持运营者进行提现，但学浪只能结算和提现运营者通过学浪 App 售卖课程获得的收益，通过其他渠道售卖课程获得的收益平台不支持结算和提现。

运营者每天（1 点至 23 点）可以发起一次提现，个人账户每月最高申请提现金额为 14.7 万元（部分老师可能有差异，具体以页面实际金额为准），企业账户单笔提现金额最高为 10 万元。提现金额一般会在 7 个工作日内到账，运营者要注意查看银行卡信息。

运营者可以打开并登录学浪教师版后台，❶单击"财务管理"按钮；❷在展开的列表项中单击"账户管理"按钮；❸单击"学浪账户"区域中的"提现"按钮，如图 7-36 所示，即可前往提现。

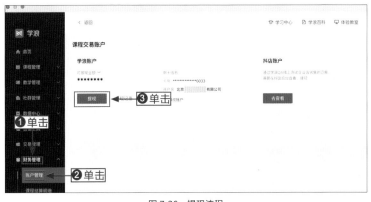

图 7-36　提现流程

如果运营者是首次提现，需要在提现时填写收款账户，账户所有人姓名必须与入驻学浪的老师姓名一致；如果运营者想查看过往提现记录或提现申请进度，可以单击"学浪账户"区域中的"提现记录"按钮前往查看。

第8章

**营销：
提高课程销量**

　　运营者制作好课程并在抖音上进行售卖后，提高课程销量就成了急需解决的问题，销量的提高也就意味着收益的提高，因此运营者要掌握一定的销售技巧。本章主要介绍为课程增加流量、塑造价值和进行分销的方法与技巧。

8.1 增加流量：获得用户关注

想要提高课程销量，首先就要让更多的用户看到课程，为课程引流就是一个不错的办法。用户在查看课程的同时，也能为运营者带来更多的流量和收益。本节介绍增加课程流量的 6 种方法。

8.1.1 低价课程：吸引用户兴趣

用户在购买商品时都希望买到的商品物美价廉甚至物超所值，因此课程的定价会影响用户点击查看课程内容的概率。一般来说，定价太高的课程用户很难会有兴趣查看，定价适中或偏低的课程用户查看的概率会更大。

因为用户只有查看并了解了课程内容，才有可能购买，所以运营者可以通过为课程设置适中或偏低的定价来吸引用户的关注，增加课程成为爆款的概率。图 8-1 所示为抖音平台中的部分课程，从图中可以看到这些课程的价格都不是很高。

图 8-1　抖音平台中的部分课程

　　为了增加课程的销量，运营者还可以对课程进行低价促销。抖音平台中就有许多价格低于 1 元的课程，用户只需支付很少的金额就可以得到一门课程，极大地刺激了用户的购买欲。

　　图 8-2 所示为某抖音号运营者销售的两门直播课程，从图中可以看到这两门课程的价格都非常低，因此销量都达到了数万，即使课程的定价很低，高销量也为运营者带来了可观的收益。此外，运营者通过这两门低价课程还获得了大量的粉丝，运营者的其他课程也会受到关注。

图 8-2　某抖音号运营者销售的两门直播课程

　　不过，运营者在安排低价课程的内容时有两个方面要注意。一方面，低价课程的内容要有价值，不能因为定价低而随意拼凑内容做成课程，这样会导致购买了课程的用户对运营者的好感和信任度降低，甚至产生被欺骗的厌恶情绪，不利于运营者售卖其他课程。另一方面，运营者在售卖低价课程的同时，如果有同一领域的中等价位课程也在销售，或是后续会有定价适中的课程发售，那么在安排低价课程的内容时，要区别于中等价位课程的内容。如果两个价位的课程内容差不多，那么购买低价课程的用户会觉得赚到了，而购买中等价位课程的用户会觉得买亏了，导致对运营者的印象变差。

　　因此，运营者在安排不同价位课程的内容时要保证内容和价值的差异化，即定价越高，课程内容越多、越全面，课程价值也越高。例如，运营者想售卖两个价位的剪映 App 教程，那么低价课程的内容可以是剪映 App 的入门操作或某一个功能的使用说明，中等价位课程的内容则可以是剪映 App 的进阶操作或全部功能的使用说明。

8.1.2 试看内容：判断课程价值

有时候用户会根据自己的所见、所感决定是否下单购买课程，如果对课程所知甚少，用户会觉得有太多的不确定因素，从而选择不购买课程。对此，运营者在售卖课程时可以适当地增加试看内容，吸引用户了解课程，如果用户在试看时觉得这些内容对自己是比较有用处的，自然就会付费购买整个课程。

用户可以点击某个课程，进入相应课程的详情界面，查看试看内容。图 8-3 所示为某课程的详情界面，可以看到在详情界面的"课程大纲"区域中显示了课程的有效时间、课时量、各课时的主要内容和时长。其中，有两个课时的右上角显示了"免费试看"的红色字样，这就是运营者设置的试看内容，用户可以点击相应试看内容，进入课程播放界面进行观看，如图 8-4 所示。

图 8-3 某课程的详情界面

图 8-4 课程播放界面

设置试看内容有两种方式，分别是整节试看和部分试看，运营者要根据内容的重要程度进行设置。此外，试看内容的选择也是有技巧的，运营者应该尽量选择实用的干货内容。毕竟用户会根据试看内容判断课程内容的价值，如果试看内容对用户没太大的用处，那么用户可能就不会有购买欲望了。

8.1.3 会员服务：获得忠实粉丝

在为用户提供课程时，运营者可以采用会员制服务模式，为加入会员的用户提供一些福利。例如，为会员提供专享礼物。这样，用户看到会员福利之后，会更加愿意加入会员，成为运营者的忠实粉丝。

当然，为了让更多用户加入会员，运营者可以适当降低加入会员的门槛。例如，运营者可以直接提供低价会员卡，让用户支付小额资金便可以加入会员。

8.1.4 私信联系：一对一的沟通

抖音平台本身就有私信功能，运营者可以借助该功能直接联系潜在客户，实现一对一的针对性沟通。具体来说，运营者可以通过如下步骤给潜在客户发私信。

Step 01 打开抖音 App，点击"我"界面中的"粉丝"按钮，如图 8-5 所示。

Step 02 执行操作后，即可进入账号的粉丝详情界面，点击有潜在购买需求的粉丝账号所在的位置，如图 8-6 所示。

Step 03 进入粉丝的账号主页，点击界面中的"回关"按钮，如图 8-7 所示。

Step 04 执行操作后，"回关"按钮的位置会出现"互相关注"按钮和"私信"按钮，点击"私信"按钮，如图 8-8 所示。

图 8-5　点击"粉丝"按钮

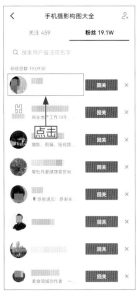

图 8-6　点击相应位置

图 8-7　点击"回关"按钮

图 8-8　点击"私信"按钮

Step 05 进入私信聊天界面，在界面的输入框中，❶输入私信内容；❷点击🔼按钮，如图 8-9 所示。

Step 06 执行操作后，私信内容便会出现在聊天界面中，如图 8-10 所示。

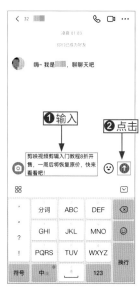

图 8-9　输入内容并点击相应按钮　　　　图 8-10　私信内容出现在聊天界面中

8.1.5　社群转化：增加宣传渠道

如果运营者的社交账号已经添加了一些用户，那就可以专门建立一个社群，然后将这些用户拉进社群中，打造一个私人流量池。这样，当运营者推出新的课程时，便可以将其发送至社群中，通过社群来实现转化。

对于那些没有添加运营者社交号的用户，运营者可以在抖音账号的简介中留下社群的添加方法或个人联系方式，让感兴趣的用户自行加入社群。如图 8-11 所示，某运营者在账号简介中留下了公众号和个人微信号，如果用户关注了公众号或者添加了微信，运营者就可以将社群的添加方式发送给他。不过，只发送社群的添加方式是不够的，运营者还要介绍加入社群的好处，如可以获得免费素材、有福利发放等，以此让用户更愿意加入社群。

剪辑系统学习请看橱窗哦
精心打造，制作精品，力荐！
如果你很喜欢我的免费课程，那付费课程就一定不会
让你失望！
素材和软件都在公众号：████ 基地
个人✎：████ 1609
找我官方合作

图 8-11　运营者在账号简介中留下了公众号和个人微信号

8.1.6　营销推广：增加视频曝光

营销推广可以增加课程的曝光量，让更多有购买需求的用户看到课程。在对课程进行营销推广时，运营者可以通过短视频、直播等方式，展示课程的相关内容，并为用户提供购买渠道。

图 8-12 所示为某运营者通过一条短视频对某个 PR（Adobe premiere pro，Adobe 公司推出的一款视频编辑软件）剪辑课程进行了营销推广。该短视频中不仅展示了课程的部分优质内容，还为用户提供了该课程的购买链接，如果用户觉得课程对自己有帮助，可以直接点击视频界面中的链接前往购买。

图 8-12　通过短视频对课程进行营销推广

如图 8-13 所示，某运营者为了对某个 CAD（computer aided

design，计算机辅助设计）课程进行营销推广，开了一场直播。在该直播中，主播对课程中的某个例子进行了操作讲解，用户通过跟随主播的操作学习和理解了 CAD 的相关知识，如果用户还想学习其他操作，就可以点击购物车按钮，前去购买课程。

图 8-13　通过直播对课程进行营销推广

在课程的营销推广过程中，标题有时候会起到关键性的作用，因为好的课程标题能让用户产生购买的冲动。所以，运营者要尽可能写出对用户有吸引力的标题，让用户看到标题之后就会对课程内容产生兴趣，从而查看甚至购买课程。

那么，运营者要怎样才能写出对用户有吸引力的课程标题呢？首先，运营者在编写课程的标题时要懂得调动用户的情绪，让用户看到标题之后产生触动，忍不住想要查看具体内容。例如，运营者可以在标题中给出限定时间内学习课程产生的变化，让用户直观地把握该课程的神奇效果。图 8-14 所示为某运营者发布的一条短视频，视频中的课程链接标题写着"7 天学通 Excel 视频课"。很多人在日常的学习和工作中经常会用到 Excel（微软公司推出的一款电子表格软件）软件，但对该软件的操作却并不精通，所以有些用户看到课程标题之后，就会点击链接进行查看和购买。

图 8-14　给出限定时间内学习课程获得的效果

8.2　价值塑造：提高课程魅力

运营者运用引流技巧可以让更多的用户看到课程，但是如何让用户看到课程后决定购买呢？这就需要运营者通过价值塑造让用户看到课程的价值，从而吸引更多的用户下单进行购买。本节介绍 4 种课程价值的塑造方法，帮助运营者提高课程对用户的吸引力。

8.2.1　场景描述：营造出画面感

对于用户来说，课程的价值主要体现在它对自己的用处，但是有时候如果不说出具体的应用场景，用户可能发现不了课程的价值。对此，运营者可以通过场景描述引起用户的共鸣，让用户看到课程对自己的用处。

所谓场景描述，就是对课程应用的场景进行描述，让用户明白在什么样的情况下可以用到课程的知识。当然，运营者在进行场景描述时，最好营造出画面感，让用户快速地进入场景。

具体来说，场景的描述需要运营者将用户存在的某个具体问题提出来，让用户觉得通过学习课程可以解决这个问题。例如，某个课程就是通过提出"新手如何开启人生第一场直播"这个问题来进行场景描述的，如图8-15所示。

图 8-15　通过提出问题进行场景描述

8.2.2　化零为整：构建知识体系

所谓碎片化知识，就是在某个方面获得的一些浅显知识，通常表现为某种方法、技巧。这种知识比较细碎，只能解决某个具体的问题。图8-16是两个分享碎片化知识的课程，分别为分享剪映创作人申请方法和技巧的课程，以及分享抖音橱窗、小黄车、蓝V开通方法的课程。

图 8-16 两个分享碎片化知识的课程

系统知识则是将多个碎片化知识进行整理，形成完整的知识体系，让这些碎片化知识之间产生一定的联系。一个课程、一本书中通常都包含了系统的知识。图 8-17 所示为某运营者发布一条短视频，该短视频中为用户分享了一个剪映 App 从入门到精通的课程，该课程中便包含了系统的知识。

图 8-17 通过短视频分享系统的知识

对于用户来说，碎片化知识的价值比较有限，很少有用户愿意花钱购买某个碎片化知识，因为碎片化知识能够解决的问题，用户通常可以通过网络搜索来寻找答案。所以运营者在制作课程的过程中，要懂得将碎片化知识整理成系统知识，从而构建出具有价值的系统知识体系。

8.2.3　内容展示：4 种展示方法

有时候为了让用户看到课程的价值，运营者有必要将部分内容展示出来。那么，运营者可以通过哪些形式对课程的内容进行展示呢？下面介绍 4 种展示方法。

1. 摘要式

所谓"摘要式"，就是提炼知识中的要点，并通过简洁的文字展示出来。当然，在具体展示内容时，运营者还可以对提炼的要点进行一些讲解，使要点内容更加直观地呈现出来。例如，运营者可以用较大的字号、较为显眼的字体颜色，将要点内容进行展示。图 8-18 所示为某运营者发布的一条短视频，可以看到在介绍构图方法时，运营者便用较大字号的白色字体对知识要点进行了展示。

图 8-18　用较大字号的白色字体对知识要点进行展示

2．提纲式

所谓"提纲式"，就是将知识中的重点内容进行系统化整理，并展示出主要知识点之间的联系。如图 8-19 所示，某运营者在讲解抖音小店的相关知识时，针对"一个人能开几个抖音小店"这个问题制作了思维导图，对开通抖音小店需要准备的材料和开通数量限制进行了说明，这便属于知识的提纲式展示。

图 8-19　通过思维导图对主要知识进行提纲式展示

3．表解式

所谓"表解式"，就是通过结合表格对相关内容进行展示，让内容的呈现更加直观。如图 8-20 所示，运营者结合具体的表格对 Excel 的操作技巧进行了说明，这便是通过表解式来展示内容。

4．图解式

所谓"图解式"，就是将知识信息整理成图片，并结合图片来进行讲解。因为有图片的配合，所以内容的呈现会更加生动、直观。如图 8-21 所示，某运营者在讲解年夜饭的拍摄角度时，配备了具体的角度说明图片。相比于纯文字的内容，图片内容更容易被用户记忆，由于图像的呈现非常直观，因此用户能够快速把握相关知识的要点。

图 8-20　通过表解式来展示内容

图 8-21　图解式的内容展示

另外，很多用户可能只能用碎片化的时间来获取相关知识，所以为了提高用户的学习效率，运营者还可以在呈现内容时，对关键信息进行总结，让用户快速把握关键信息。如图 8-22 所示，某运营者在讲解摄影景别种类时，在短视频的末尾展示了总结表。用户只需查看该总结表，便可快速把握各种景别的取景范围和特点。

图 8-22　通过总结表展示关键信息

8.2.4　输出方式：体现内容价值

有时候，同样的课程，选择的内容输出方式不同，对用户的吸引力也不同。对此，运营者可以为课程选择合适的输出方式，这样能更好地体现相关内容的价值。具体来说，常见的内容输出方式有以下 3 种，运营者可以从中进行选择。

1. 答疑解惑

很多用户在学习某个新事物的过程中，都会遇到一些疑问，运营者在输出内容时，可以根据自身的专业素养，进行答疑解惑。图 8-23 所示为某运营者发布的一条短视频，该运营者结合个人心得，通过短视频对"新手如何学吉他"这个问题进行了回答和示范。

图 8-23　通过答疑解惑输出内容

2. 技巧和干货分享

当运营者要输出的内容都是各种技巧和干货时，就可以让用户一看你分享的内容，便能感受到相关课程的价值。图 8-24 所示为某运营者分享的抖音运营技巧相关内容。

图 8-24　通过技巧分享输出内容

3. 利益回馈

如果运营者在输出内容时，能够通过利益回馈适当的让利，用户会更愿意购买你的课程。图 8-25 所示为某运营者发布的一条短视频，该短视频中在讲解某课程的内容时，在标题上列出了优惠信息"限时 9.9 米！"（这里的"米"不是错别字，而是代指人民币单位的元，网络用语），这便属于一种利益回馈。

图 8-25　通过利益回馈输出内容

如果运营者要增强课程的吸引力，也可以同时使用多种内容输出形式。例如，运营者可以在分享课程的干货内容时，将课程当前的优惠进行说明，让用户以相对优惠的价格购买到自己需要的内容。

8.3　课程分销：增加收益来源

运营者除了自己进行宣传营销外，还可以设置佣金让其他运营者帮忙分销课程。这样做有两点好处，一是扩大了课程的宣传范围，让更多的用户看到课程；二是节省了运营者的时间和精力。另外，运营者也可以分销别人的课程来赚取佣金，但选择课程时不能选和自己课程同类型的，不然可能会对自己课程的收益有影响。本节介绍设置课程分销和分销其他运营者课程的操作方法。

8.3.1　设置分销：扩大宣传范围

运营者想为自己的课程设置分销，先要将抖音小店入驻精选联盟，再添加商品并设置佣金率即可。下面介绍具体的操作方法。

Step 01 搜索并进入抖店首页，单击"立即登录"按钮，如图 8-26 所示。

图 8-26　单击"立即登录"按钮

Step 02 执行操作后，进入抖店登录页面，如图 8-27 所示。运营者可以选择用抖店 App 扫码登录，也可以选择使用手机号、邮箱账号、抖音、头条以及抖音火山版账号登录。

图 8-27　进入抖店登录页面

Step 03 登录成功后，进入商家后台页面，单击页面上方的"营销中心"按钮，如图 8-28 所示。

图 8-28　单击"营销中心"按钮

Step 04 执行操作后，进入"Bug in 巨量百应"页面，单击"添加商品"按钮，如图 8-29 所示，选择要添加的商品后，设置佣金率，单击"确认"按钮即可。

图 8-29　单击"添加商品"按钮

8.3.2　分销课程：获得佣金收益

运营者通过分销别人的课程获得佣金收入，其实就是运营者通过视频、直播等形式进行带货。而运营者想成为带货达人，首先要开通商品分享功能，然后再开通收款账户，完成认证后就可以开始带货了。

　　运营者想开通商品分享功能，需要满足 3 个条件，一是账号完成了实名认证；二是账号主页的视频数大于或等于 10 条；三是抖音账号的粉丝数大于或等于 1000。其中，账号主页的视频必须是公开发布并且通过审核的，这样才算是有效视频。

　　运营者的账号满足条件后，可以在抖音 App 的"商品橱窗"界面中选择"商品分享权限"选项，进入相应界面，点击"立即申请"按钮，根据提示完成申请后即可开通商品分享功能。

　　开通成功后，运营者可以获得个人主页的商品橱窗功能，用来添加和分享精选联盟或第三方的商品；也可以在视频或直播间中添加或分享商品；还可以对商品橱窗进行管理，并查看商品销售数据。

　　运营者可以查看和挑选可分销的课程，然后根据课程内容制作相应视频或进行直播，在发布视频时或直播过程中添加相应商品即可进行分销。下面介绍挑选商品的操作方法。

Step 01 打开并登录抖音 App，切换至"我"界面，点击"商品橱窗"按钮，如图 8-30 所示，即可进入"商品橱窗"界面。

Step 02 如果运营者还没有成为带货达人，可以选择"成为带货达人"选项，如图 8-31 所示。

图 8-30　点击"商品橱窗"按钮

图 8-31　选择相应选项

Step 03 执行操作后，进入"成为带货达人"界面，如图 8-32 所示，这里会显示运营者的开通进度，可以看到这个账号的带货权限已经开通成功了，但还没有开通收款账户，运营者可以点击"开通收款账户"按钮，根据提示完成开通。

Step 04 如果运营者已经成为带货达人，可以直接查看和挑选课程商品，点击"商品橱窗"界面中的"选品广场"按钮，如图 8-33 所示。

图 8-32 进入"成为带货达人"界面　　图 8-33 点击"选品广场"按钮

Step 05 执行操作后，进入"抖音电商精选联盟"界面，❶在搜索框中输入"课程"；❷点击"搜索"按钮，如图 8-34 所示。

Step 06 执行操作后，就会出现很多课程商品供运营者查看，如图 8-35 所示。

Step 07 运营者可以点击"筛选"按钮，在弹出的列表框中设置相应条件来筛选商品，如图 8-36 所示。设置完筛选条件后点击"确定"按钮即可查看筛选出的商品。

Step 08 如果运营者对某个商品感兴趣，也可以点击商品所在的位置，查看课程的详细信息和推广数据，如图 8-37 所示。如果运营者觉得这个课程不错，决定进行带货，可以点击"加入橱窗"按钮，将商品添加到个人橱窗中，避免下次再花费时间进行寻找。

图 8-34　搜索课程

图 8-35　查看课程商品

图 8-36　筛选商品

图 8-37　查看课程详细信息

运营者选择好商品后，可以拍摄短视频进行带货，也可以通过直播进行带货。如果运营者选择通过短视频进行带货，就要先拍摄好带货视频，在发布视频时添加相应的商品。

　　如果运营者选择通过直播进行带货，还要开通直播购物车功能。当运营者的账号满足个人主页非隐私视频数大于或等于 10 条且粉丝数大于或等于 1000 后，抖音 App 会自动为运营者开通直播购物车功能，运营者可以在直播前将分销的课程加入购物车，再进行直播。

03　任务玩法篇

第9章

参与：
全新变现渠道

　　全民任务为抖音达人提供了新的变现渠道，但是很多达人对这个活动还不太了解，没有参与进来。本章主要介绍什么是全民任务、全民任务的参与流程和参与技巧，使读者了解全民任务的规则，能更好地参与到活动中来。

9.1 全民任务：低门槛零要求

2020 年上半年，抖音 App 推出了"全民任务"活动，为达人（指参与活动的用户）提供了新的获取收益的方法。与其他抖音变现渠道不同的是，全民任务对达人的账号粉丝数量没有要求，只要会拍视频，就有机会获得现金收益或流量奖励，是一种真正的低门槛变现渠道。本节介绍全民任务的定义、全民任务的参与规范和进入全民任务活动页的 3 种方法。

9.1.1 活动定义：全民皆可参与

全民任务，是指所有人都能参与的任务。具体来说，全民任务就是广告方在抖音 App 上发布广告任务后，达人根据任务要求拍摄并发布视频，从而有机会得到现金或流量奖励。

达人能够在全民任务活动页中查看可以参加的任务，点击相应任务，即可进入"任务详情"界面查看任务的相关信息，如图 9-1 所示。

图 9-1　全民任务活动页和"任务详情"界面

全民任务活动的推出，为广告方、抖音平台和达人都带来了不同程度的好处。

❖ 广告方：全民任务可以提高品牌的知名度，扩大品牌的影响力；而创新的广告内容和形式不仅不会让达人反感，而且还能获得好感，从而达到营销宣传和大众口碑双赢的目的。

❖ 抖音平台：全民任务可以刺激平台用户的创作激情，提高用户的活跃度和黏性；还可以提升平台的商业价值，丰富平台的内容。

❖ 达人：全民任务为达人提供了一种新的变现渠道，没有粉丝数量门槛，没有视频数量要求，没有拍摄技术难度，只要达人发布的视频符合任务要求，就有机会得到任务奖励。

9.1.2 参与规范：了解任务规则

如果达人想参与全民任务，就必须先了解全民任务的参与规范。毕竟达人参与活动是为了获得任务奖励，如果违反了规则，就不能获得任务奖励，如果花费了时间和精力，却一无所获，就得不偿失了。

达人可以在全民任务详情页中点击任意一个任务，进入"任务详情"界面，在"任务玩法"选项卡中点击"《全民任务参与规范》"链接，即可进入"全民任务用户参与规范"界面查看相应的达人行为规范内容，如图 9-2 所示。

图 9-2 进入"全民任务达人参与规范"界面

9.1.3 参与方法：进入活动界面

了解了什么是全民任务和全民任务的参与规范后，达人就可以开始查看和挑选任务，踏上变现之路了，那么去哪里查看和参与任务呢？

大部分任务都结合了话题的形式，达人可以直接搜索并点击相应话题，进入话题界面后查看任务信息，然后点击"立即参与"按钮即可参与任务，如图 9-3 所示。但是这种方法有两个缺点，一是达人必须知道任务话题是什么才能进行搜索，或者刚好刷到带话题的视频，才能进入话题界面；二是一个话题界面只能查看和参与一个任务，如果达人不想参与这个任务，就只能重新寻找其他的任务话题，非常浪费时间，因此并不推荐使用这种方法参加全民任务。

图 9-3　从话题界面参与任务

更方便快捷的方法是达人在全民任务活动页中挑选和参与任务。全民任务活动页展示了所有可参与的任务，达人可以根据需要进行选择。进入全民任务活动页一共有 3 种方式，分别是从创作者服务中心界面进入、从"全民任务小助手"官方抖音号进入和通过搜索进入。

1．创作者服务中心

创作者服务中心可以帮助达人更好地进行账号的内容管理和数据分析，还可以为达人提供课程学习和内容变现的渠道。下面介绍从创作者服务中心界面进入全民任务活动页的操作方法。

Step 01 打开抖音 App，❶点击"我"按钮，进入"我"界面；❷点击界面右上角的≣按钮；❸在弹出的面板中选择"创作者服务中心"选项，如图 9-4 所示。

Step 02 执行操作后，进入创作者服务中心界面，点击"全民任务"按钮，如图 9-5 所示，即可进入"全民任务"活动页。

图 9-4　选择"创作者服务中心"选项　　　图 9-5　点击"全民任务"按钮

Step 03 达人也可以点击"任务中心"选项区右侧的"查看更多"按钮，或者点击创作者服务中心界面中的"任务中心"按钮，如图 9-6 所示，都可进入"任务中心"界面。

Step 04 切换至"全民"选项卡，即可查看正在进行和即将开始的全民任务，如图 9-7 所示。

图 9-6 点击"任务中心"按钮

图 9-7 切换至"全民"选项卡

2. 全民任务小助手

"全民任务小助手"的官方抖音号会发布一些全民任务的攻略和优质视频的盘点,达人可以通过关注这个账号了解和学习相关知识,也可以从该账号的主页进入全民任务活动页。达人需要搜索并点击"全民任务小助手"账号,进入账号主页,点击账号简介中的"官方网站"链接,如图 9-8 所示,即可进入"全民任务"活动页。

3. 从搜索栏进行搜索

使用搜索栏搜索并进入全民任务活动页是最简单的方法。达人只需打开抖音 App, ❶在搜索栏中输入"全民任务"; ❷点击"搜索"按钮,如图 9-9 所示。在搜索结果中点击相应链接,如图 9-10 所示,即可进入"全民任务"活动页。

图 9-8　从账号主页进入"全民任务"活动页

图 9-9　搜索全民任务　　　　　　图 9-10　点击相应链接

9.2　参与流程：顺利完成任务

了解了全民任务的基础信息，达人如果想参与任务，还需要了解全民任务的参与流程。参与全民任务只需要 3 个步骤，依次是挑选感兴趣的任务、查看任务要求以及根据要求完成任务，本节对这 3 个步骤进行详细介绍，以帮助达人成功参与活动。

9.2.1　挑选任务：掌握筛选技巧

参与全民任务的第 1 步就是挑选任务，选择合适的任务可以增加达人获得任务奖励的概率。达人可以从两个方面挑选任务，分别是任务类型和任务完成进度。

1．任务类型

目前全民任务一共有 3 种任务类型，分别是拍摄任务、看播任务和轻任务。

❖ 拍摄任务：需要达人根据任务要求拍摄并发布视频。没有参与次数的限制，但是有获奖机会的限制。

❖ 看播任务：需要达人观看直播。当直播间的人数过多时，部分达人可能无法参与任务。

❖ 轻任务：需要达人按照任务要求完成各项互动任务。互动任务没有参与次数的限制，但是每天有参与人数的限制，人数达到名额上限后，达人当天将不能参与该任务。

达人可以根据自己的喜好和需求参与相应类型的任务，如果达人喜欢拍视频，就可以选择参与拍摄任务；如果达人喜欢看直播，就可以选择参与看播任务；如果达人只是想先尝试一下，就可以选择参与轻任务。

发布任务的品牌涉及各行各业，任务奖励也不尽相同，达人如果想找到自己感兴趣的任务，就需要借助全民任务活动页中的筛选工具对任务进行筛选。下面介绍利用筛选工具挑选任务的操作方法。

Step 01 进入"全民任务"活动页，❶点击"行业"下拉按钮；❷在弹出的面板中选择"汽车"选项，如图 9-11 所示。

Step 02 点击"确定"按钮，即可筛选出汽车行业发布的任务，如图 9-12 所示。

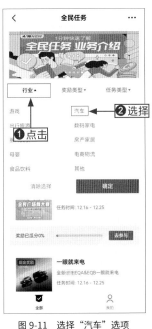

图 9-11　选择"汽车"选项

图 9-12　筛选出相应任务（1）

Step 03 ❶点击"奖励类型"下拉按钮；❷在弹出的面板中选择"流量奖励"选项，如图 9-13 所示。

Step 04 点击"确定"按钮，即可筛选出汽车行业发布的流量奖励任务，如图 9-14 所示。

Step 05 ❶点击"任务类型"下拉按钮；❷在弹出的面板中选择"看播任务"选项，如图 9-15 所示。

Step 06 点击"确定"按钮，可以看到界面中显示"当前条件下暂无任务"，如图 9-16 所示，也就是说当前没有正在进行的、汽车行业发布的、以流量为奖励的看播任务，这时达人可以调整筛选条件，重新挑选任务；也可以过一段时间再筛选任务，看有没有符合条件的新任务。

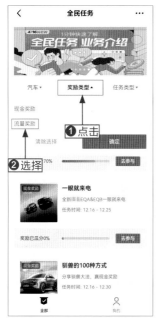

图 9-13　选择"流量奖励"选项

图 9-14　筛选出相应任务（2）

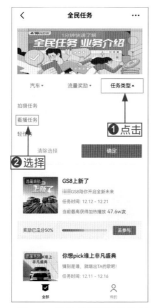

图 9-15　选择"看播任务"选项

图 9-16　显示"当前条件下暂无任务"

2. 任务完成进度

任务完成进度指的是累计完成任务的天数或瓜分奖励的进度，任务完成进度对轻任务和拍摄任务的最终收益有一定影响，因此达人挑选这两种任务时可以参考任务完成进度。

达人可以在全民任务活动页或相应任务的详情页查看拍摄任务的奖励瓜分进度，而轻任务的完成进度需要达人点击任务的详情界面的"立即参与"按钮，在弹出的任务列表中进行查看。

在挑选任务时，达人最好选择刚开始的轻任务和拍摄任务，这是因为轻任务通常会持续几天的时间，每天都有不同的互动任务，累计完成全部互动任务的天数越多，最后获得高收益的概率也就越高，达人选择刚开始的任务可以增加累计完成任务的天数；而拍摄任务的任务完成进度会直接影响达人参与任务时可瓜分奖励的多少，任务进度越低，可瓜分的奖励就越多，并且达人越早参与任务，视频的展示时间就越长，可能得到的奖励就会越多。

9.2.2 查看要求：避免任务失败

俗话说："心急吃不了热豆腐。"做任务也是一样的道理。达人挑选好任务后，如果不看任务要求就去完成任务，很可能会竹篮打水一场空。

以拍摄任务为例，如果达人发布的视频不符合任务要求，那么这个视频就不会计入投稿，除非达人在规定时间内再发布符合要求的视频，否则达人将没有机会得到任务奖励。所以达人一定要仔细阅读任务要求，避免因为视频不符合任务要求而导致任务失败。

不同的任务有不同的要求，达人可以进入相应任务的"任务详情"界面查看任务要求。任务要求分为两种，一种是必选要求，另一种是可选要求，每个任务一定都会有必选要求，但不一定会有可选要求，如图 9-17 所示。达人在完成任务时一定要满足必选要求，否则只能从头再来；而可选要求一般是拍摄建议或加分项目，达人可以在满足必选要求的前提下参考可选要求去完成任务。

图 9-17　必选要求和可选要求

9.2.3　完成任务：获得任务奖励

明确了任务要求，达人就可以开始做任务了。看播任务和轻任务的任务要求比较明确，达人只需要根据要求的时间、内容和次数完成互动任务即可；而拍摄任务则需要达人拍摄并发布视频，任务奖励会根据视频质量和相关数据进行分配，所以在拍摄和发布视频时，达人要注意一些可能会出错的地方，避免影响任务完成的情况。

1. 拍摄视频的注意事项

拍摄视频可以分为拍摄前、拍摄中和拍摄后 3 个阶段，不同的阶段有一些不同的注意事项。

1）拍摄前

达人在拍摄前要构思好拍摄脚本，毕竟有创意、有想法的视频内容才能获得更多奖励。如果达人不知道拍什么内容，可以参考任务的可选要求里提供的拍摄建议；或者在"任务详情"界面切换至"精选视频"选项卡，查看相关的优秀作品，寻找拍摄灵感，如图 9-18 所示。

另外，达人还可以将任务要求抄写在纸上或者在另外的设备上展示出来，方便后续对照要求进行拍摄和检查。

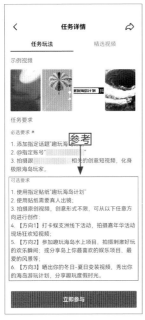

图 9-18　寻找拍摄灵感

2）拍摄中

有些任务对拍摄内容会有一定的要求，如使用指定的贴纸或道具、添加指定的字幕以及使用指定的音乐等。不过达人也不必担心，只要点击"任务详情"界面的"立即参与"按钮进入拍摄界面，系统就会自动添加任务要求的道具、贴纸、音乐和文字等内容，不需要达人手动搜索添加。此外，拍摄界面还会有提示文字引导达人进行拍摄，达人只需要根据任务要求和拍摄脚本完成拍摄即可，如图 9-19 所示。

3）拍摄后

拍摄结束后，达人需要检查拍摄的内容是否符合任务要求，如是否使用了指定贴纸或道具、是否添加了指定的音乐或字幕等。如果任务没有指定背景音乐，还需要添加合适的背影音乐，让视频更加完整。

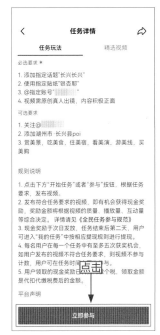

图 9-19　拍摄视频

2. 发布视频的注意事项

达人完成拍摄后，点击"下一步"按钮，如图 9-20 所示，即可进入"发布"界面。系统会自动添加话题和任务，并 @ 指定账号，达人只需要检查一下有无错误或遗漏即可。检查完成后，达人还需要为视频选择好看的封面，并撰写合适的标题和文案，以此来提高获得任务奖励的概率。

为视频添加了封面、标题和文案后，达人就可以准备发布视频了。如果达人想直接发布视频，可以点击"发布"按钮，如图 9-21所示；如果达人想等到合适的时间再发布，可以点击"草稿"按钮，将视频存入"草稿箱"，等需要发布的时候再在"草稿箱"中进行操作即可。

图 9-20　点击"下一步"按钮

图 9-21　点击"发布"按钮

　　选择发布视频的时间也有技巧，达人最好选择人流量大的时间段进行发布，这样才有机会让更多的人看到视频。哪些时间段人流量大呢？当然是休息时间，具体来说就是工作日的早上 7～9 点、中午 12～下午 2 点、晚上 20 点以后以及休息日全天，因为人们只有在休息时才有空刷视频，所以达人发布视频可以考虑这几个时间段。需要注意的是，视频发布后需要通过审核才算发布成功，因此，如果达人想在人流量大的时间段发布视频，就还要预留出一定的审核时间。

9.3　参与技巧：提高成功概率

　　达人参与全民任务的最大目的当然是获得任务奖励，那么怎样才能获得收益，甚至获得较高的收益呢？以拍摄任务为例，首先达人要确保投稿的视频符合任务要求，能计入任务完成次数，这样达人才算完成任务，才有机会获得任务奖励；其次，全民任务的奖励是根据投稿视频的质量、播放量和互动量来分配的，也就是说视频的质量、播放量和互动量越高，获得的奖励才有可能越多。因此，达人需要掌握一些参与技巧，来提高获奖概率，赢得更高的任务奖励。

9.3.1　多次参与：增加获奖机会

多次参与任务有两种情况，一种是为了成功完成任务，另一种是为了增加获得任务奖励的机会。

1. 成功完成任务

达人想要获得任务奖励，首先要成功地完成任务，只有完成任务，才有机会获得任务奖励。但是达人在做任务的过程中很难保证一次就成功，所以要根据实际情况决定是否需要多次参与任务。

1）轻任务

轻任务一般比较简单。达人只需要在"任务详情"界面点击"立即参与"按钮，就会弹出任务列表，任务列表中会显示任务已完成的天数和今天的任务完成情况，如图 9-22 所示。未完成的任务右侧会有"去完成"按钮，达人点击该按钮就可以自动跳转到任务界面，开始做任务；而已完成的任务右侧不会有"去完成"按钮，在任务下方还会有任务完成情况的记录。

如果达人不确定自己是否完成了任务，可以返回到任务列表查看任务的完成情况，并及时进行调整。

2）拍摄任务

虽然拍摄任务不能实时了解任务的完成情况，但是可以多次参与。达人拍摄并发布视频后，需要等待平台审核。审核的结果会由"全民任务小助手"官方账号通过私信告知，如果视频通过审核，即可完成任务；如果视频未通过审核，达人就没有机会获得任务奖励了。

图 9-22　任务列表

　　但是达人也不必担心，如果视频未过审，"全民任务小助手"官方账号还会告知达人具体原因，达人只需要参考原因对视频进行调整和修改，再次投稿，这样通过审核的概率就会大很多。

　　由于没有固定的审核时长，如果达人想查看投稿视频的状态，可以在全民任务活动页中点击"我的"按钮，进入"我的"界面，这里会显示收益情况和任务状态，如图 9-23 所示。

　　3）看播任务

　　看播任务有些特殊。达人需要在观看直播的过程中完成互动任务，但在观看直播时界面不会有互动任务的相关提示，中途退出直播间返回到"任务详情"界面也无法查看任务完成情况，只有等到直播结束计算收益时，达人才能知道自己是否完成了任务。

图 9-23　显示收益情况和任务状态

因此，一个看播任务只能参与一次，直播结束也就意味着任务结束。达人必须在直播开始前就记好互动任务的内容和要求，并在观看直播时一一完成，才能完成看播任务，才能有机会获得任务奖励。

2. 获得多次奖励

成功完成任务后，为了获得更多的任务奖励，达人可以多次参与同一个任务，增加获奖机会，提高获得较高收益的概率。

不过，这样做的前提是达人选择的任务有多次获奖的机会，或者有完成天数的加成，即完成天数越多，获得高收益的概率越大，如图 9-24 所示。因此，达人要仔细阅读任务的规则说明，避免错过获得更多奖励的机会，也避免出现多次参与任务却只有一次获奖机会的情况。

规则说明

1. 点击下方"开始任务"或者"参与"按钮，根据任务要求，发布视频。
2. 发布符合任务要求的视频，即有机会获得现金奖励，奖励金额将根据视频的质量、播放量、互动量等综合决定。详情请见《全民任务参与规范》
3. 现金奖励于次日发放，任务结束后第二天，用户可进入"我的任务"中按相应提现规则进行提现。
4. 每名用户在每一个任务中有至多五次获奖机会，如果用户发布的视频不符合任务要求，则视频不参与计数，用户可在任务时间内再次参与。

规则说明

1. 点击下方"开始任务"或者"参与"按钮，根据任务要求，每日完成相应的互动任务即有机会获得现金奖励，完成天数越多，获得较高奖励的概率越高；互动任务包含以下任务类型：
   （1）必选任务

立即参与

图 9-24　获得多次奖励

9.3.2　示例视频：减少出错概率

轻任务和看播任务对达人的创意性没有要求，但拍摄任务需要达人发挥想象和创意，拍摄有想法的视频，这样才能有不错的播放量和互动量等数据，从而获得较高的任务奖励。如果达人不知道拍什么内容，可以参照示例视频进行拍摄，一方面可以减少出错的概率，另一方面拍摄同款视频可以加分，增加获奖概率。

需要注意的是，并不是所有投稿视频都会提供示例视频，也不是只要拍摄同款视频就可以加分，所以达人要仔细查看任务的相关信息。达人可以点击相应任务，进入"任务详情"界面，在"任务玩法"选项卡中查看示例视频，如图 9-25 所示。

图 9-25　查看示例视频

9.3.3　开启功能：接收任务提醒

想获得更多的任务奖励，还有一个办法就是多参与一些全民任务。做任务也讲究速度，尤其是一些对人数有限制的任务，然而达人不可能一直守在全民任务活动页等待新任务的发布，因此可以开启"新任务提醒"功能，这样有新任务时，系统会自动给达人发送通知提醒参与任务。

达人只需要点击"全民任务"活动页右上角的···按钮，进入"更多"界面，开启"新任务提醒"功能，即可获得全民任务上线通知，如图 9-26 所示。

图 9-26　开启"新任务提醒"功能

第**10**章
技巧：
顺利完成任务

　　对全民任务有了基本了解后，达人想获得更高奖励就要掌握一些技巧。本章介绍全民任务的奖励方式和提现技巧、影响任务收益的因素、获得更高收益分配的方法以及优质全民任务视频作品分析，帮助达人轻松获得更多收益。

10.1　奖励方式：达人自行筛选

全民任务一共有两种奖励方式，一种是现金奖励，另一种是流量奖励。达人可以用筛选工具筛选自己需要的奖励方式，例如，❶在"全民任务"活动页中点击"奖励类型"下拉按钮；❷在弹出的面板中选择"流量奖励"选项；❸点击"确定"按钮，即可筛选出流量奖励的任务，如图 10-1 所示。

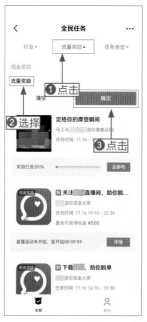

图 10-1　筛选出流量奖励任务

达人也可以根据任务图标左上角显示的奖励方式或"任务详情"界面的信息，来分辨任务的奖励类型，如图 10-2 所示。

不同的达人对奖励的喜好和需求不同，自然也会选择不同奖励类型的任务。本节介绍两种奖励类型的特点和适合的人群，帮助达人选择合适的奖励方式。

图 10-2　分辨任务的奖励类型

10.1.1　现金奖励：直接进行分配

现金奖励是一种根据达人的任务完成情况或视频表现进行现金分配的奖励方式，无论哪种任务类型都有现金奖励的任务，获奖机会的次数、奖励的发放时间和提现时间会因任务的不同而有所差异，达人要仔细阅读相应任务的规则说明，避免影响收益，如图 10-3 所示。

规则说明

1. 点击下方"开始任务"或者"参与"按钮，根据任务要求，发布视频。
2. 发布符合任务要求的视频，即有机会获得现金奖励，奖励金额将根据视频的质量、播放量、互动量等综合决定。详情请见《全民任务参与规范》
3. 现金奖励于次日发放，任务结束后第二天，用户可进入"我的任务"中按相应提现规则进行提现。
4. 每名用户在每一个任务中至多五次获奖机会，如果用户发布的视频不符合任务要求，则视频不参与计数，用户可在任务时间内再次参与。
5. 用户领取的现金奖励已代扣代缴个税，领取金额是代扣代缴税费后的金额。

5. 现金奖励于次日发放，任务结束后第二天，用户可进入抖音号"全民任务小助手"，进入"官方网站"的"我的"中查看收益情况，并按相应提现规则进行提现。参与可选任务中的购物任务的用户，需要有14天真实购买意愿核实期，任务结束14天后方可提现，如果用户有退款/退货行为，平台有权视情况收回全部或部分奖励；抖音号-商品橱窗内商品退、换货政策，以购买时抖音小店商品具体政策为准，与任务无关。
6. 每个用户每天最多完成5个互动任务，每名用户每一个任务仅有一次获奖机会，如果用户做任务过程中有作弊等违规行为，平台有权视情况收回对应任务的收益或者取消参加任务的资格，如给平台造成损失的，用户还应负责赔偿。
7. 用户领取的现金奖励已代扣代缴个税，领取金额是代扣代缴税费后的金额。

图 10-3　现金奖励的相关规则

现金奖励具有直接、周期短的特点。

❖ 直接：达人参与任务的第一目的就是获取收益，而现金奖励可以让达人直接得到现金收益，通过提现即可将收益转入自己的账户，中间不需要经历其他环节。

❖ 周期短：达人在一个任务中可以获得一次或多次瓜分现金奖

励的机会，一个任务就是一个获取收益的周期，达人无须投入太多时间和精力。

现金奖励比较适合对运营账号没有兴趣、只想通过全民任务赚钱的达人参与，只要认真完成任务，就能轻松快速地达到获取收益的目的。

10.1.2 流量加热：增加粉丝数量

流量奖励是一种达人凭借视频表现获得流量加热权益的奖励方式，只有部分拍摄任务的奖励方式是流量奖励。达人只要发布符合任务要求的视频，就有机会获得视频流量加热权益，但是流量加热的效果只限于参与任务的视频，不会对达人的其他视频起作用。

流量奖励具有间接、长期的特点。

❖ 间接：流量奖励无法为达人带来直接的收益，只能通过流量加热增加达人的粉丝数量、视频播放量等数据的方式为达人带来间接的收益；如果达人本来就有购买相关引流工具的想法，那么参与流量奖励任务还可以间接为达人省下一笔费用。

❖ 长期：流量奖励与现金奖励不同，它给达人带来的收益是持续存在的。虽然流量加热有一定的时间限制，但是流量加热为达人账号带来的粉丝数量不会因为流量加热的消失而消失，而且粉丝数量的增加对于达人后期运营账号或再参与全民任务都是加分项。

流量奖励适合想运营账号、吸粉引流的达人参与，它能帮助达人获得免费的流量加热，从而增加粉丝数量，更快地提高账号的知名度。

10.2 提现技巧：转入个人账户

达人参与全民任务获得的现金收益可以在任务结束后通过提现转入自己的账户，但需要注意的是，单笔提现金额不能低于 1 元，并且每日的可提现上限为 50 万元。下面介绍提现的操作方法。

Step 01 ❶在"全民任务"活动页中切换至"我的"选项卡；❷点击"提现"按钮，如图 10-4 所示。

Step 02 执行操作后，进入"财务管理"界面，点击"可提现金额"右侧的"提现"按钮，如图 10-5 所示。

图 10-4　点击"提现"按钮（1）　　图 10-5　点击"提现"按钮（2）

Step 03 如果达人没有绑定提现账号，此时会弹出信息提示框，提醒达人需要绑定提现账号后才能提现，点击"去绑定"按钮，如图 10-6 所示。

Step 04 执行操作后，进入"提现绑定"界面，根据界面提示依次进行手机号绑定、个人实名认证和提现账号绑定。绑定完成后，返回到"财务管理"界面，再次点击"提现"按钮，如图 10-7 所示。

Step 05 执行操作后，弹出"输入你收到的验证码"对话框，达人需要点击"获取验证码"按钮，❶输入收到的短信验证码；❷点击"确定"按钮，如图 10-8 所示。

Step 06 执行操作后，进入"提现"界面，如图 10-9 所示。达人需要选择提现的到账方式和金额，最后点击"确认提现"按钮，即可成功提现。

图 10-6 点击"去绑定"按钮

图 10-7 点击"提现"按钮（3）

图 10-8 输入验证码

图 10-9 进入"提现"界面

　　达人可以选择一个任务结束后就立即提现，也可以选择完成多个任务后再提现，提现的操作步骤都是一样的。

10.3　重要因素：影响任务收益

达人完成互动任务或发布投稿视频后，就可以等待任务结束后获取收益了。影响收益的因素首先是审核规则，其次还包括互动完成情况、视频的质量、视频的播放量以及视频的互动量，本节介绍这 5 个影响和决定全民任务收益的因素。

10.3.1　审核规则：决定任务收益

视频的审核规则会对拍摄任务的收益起决定作用。达人参与拍摄任务后，投稿的视频要通过审核才能成功发布，才有机会瓜分奖励；并且在初审通过后，还会有更严格的复审环节，播放达到一定量或出现在排行榜的视频被复审的概率更大。初审通过而复审未通过的视频也不算成功投稿，所以达人一定要清楚任务要求和审核规则。

下面介绍全民任务的审核规则，达人可以对此进行了解和学习，以避免出现视频审核未通过的情况。

1．视频没有达到硬性要求

硬性要求就是任务的必选要求，没有达到硬性要求的视频是无法通过审核的。达人一定要看清楚任务的必选要求，在拍摄和发布视频时应逐一进行检查，避免因视频没有符合必选要求而花费更多时间和精力去重新参与任务。

2．视频内容与话题无关

视频内容要与话题有相关性，最重要的是能体现任务的亮点。达人在策划视频内容时要重点注意任务的内容要求，如图 10-10 所示。

与话题无关的视频很难通过审核，即使通过审核，也不会有什么任务收益。因为如果内容与标题没有相关性，那么对标题感兴趣的观众在点击查看后会觉得受到了欺骗；对内容感兴趣的观众又由于标题没有体现视频内容而不会点击进行观看，所以视频的播放量和互动量会很低，自然就不会得到什么收益。

任务要求

必选要求 *

1. 下载"▓▓▓▓▓"应用并安装试用/试玩
2. 添加指定话题"宠爱之翼闪耀喵星"
3. @指定账号"▓▓▓▓▓"
4. 视频结尾口播"▓▓▓陪你成为更好的自己"且加比心动作
5. 发布45S以上原创视频，视频中需要有广州车展现场与▓▓▓汽车的同框或者视频中需要与▓▓▓汽车同框3-5个镜头
6. 视频内容需正面向上，不能含有消极负面情绪。

任务要求

必选要求 *

1. 添加指定话题"这就很靠谱"
2. @指定账号"▓▓▓▓▓"
3. 视频内容必须原创积极乐观，拍摄内容满足以下任意三个方向之一：
4. 方向一：需真人出镜拍摄并使用"▓▓▓▓"定制贴纸，并握拳触发
5. 方向二：需真人演绎"▓▓▓▓"账号发布的靠谱舞蹈
6. 方向三：拍摄南昌青云谱区内潮流、繁华、城市烟火等场景

图 10-10　任务的内容要求

3．重复、抄袭、刷赞的视频

达人不能发布重复或抄袭他人的视频，这样的视频不会通过审核；达人也不能为自己发布的视频刷赞、刷评论，一经发现会取消达人的参与资格。因为发布重复视频、抄袭别人的视频、刷赞刷评论等行为都破坏了任务的公平性。

4．低俗、有恶意的视频

抖音平台鼓励达人发布正能量、积极乐观的内容，不允许出现低俗、有恶意的视频，这样的视频一律不会通过审核。

10.3.2　完成情况：积极参与互动

看播任务和轻任务的奖励会根据达人互动任务的完成情况进行排名，排名靠前的达人会获得更多收益，具体互动任务的内容如图 10-11 所示。

3.同一个直播间内，用户在完成任务列表中的全部任务后，即可获得奖励资格，用户获得奖励金额会根据用户完成情况来计算。在任务时间结束时，针对符合任务要求的用户，按每个用户具体互动情况（关注/观看时长（如有）、有效评论次数（如有）、下载应用（如有）、有效购物次数（如有），互动情况相同的用户，按照完成任务列表中的任务时间顺序进行排名）以及用户在历史看播任务中在抖音小店平台的退货/退款率进行排名并计算奖励金额。用户互动情况越好，排名越靠前，可能分到的奖励则越多；用户退货/退款率越高，可能分到的奖励会减少。每个用户可获得的奖励金额上限为人民币500元。
4.举办方鼓励用户积极参与任务，观看直播间内容，并将视用户任务互动情况，综合评判用户互动排名，并给予排名前100的用户更多的收益金额。

2.用户获得的奖励金额将根据互动完成情况（个人主页观览时长、个人主页视频完整观看次数、话题内浏览时长、购物次数等）在任务活动结束后统一计算综合排名，分发奖励。每个用户可获得的奖励金额上限为人民币200元。详细情况见《全民任务参与规范》。
3.为了提高用户的参与体验，平台将根据不同任务参与情况，每天限制每个任务的参与用户数量，每个任务参与数量上限详见任务页面提示。如果某一互动任务当天参与用户数量达到名额上限，则用户只能第二天再参与，或参与其他名额未满的互动任务，或参与创作任务；每个互动任务，每天的参与名额，先做先得。
4.举办方鼓励用户积极参与任务，进入抖音号或者话题内浏览相关内容与视频，互动，并将用户任务互动情况，综合评判用户排名，并给予排名前100的用户更多的收益金额。

图 10-11　任务的内容要求

那么达人如何让自己的互动排名靠前呢？首先，达人要积极地完成所有的互动任务；其次，在完成互动任务的基本次数和时长的基础上要尽可能多地增加次数和时长；最后，有的任务可以通过购买产品增加获奖概率，如果达人正好有需要并且产品口碑不错，可以考虑购买，一方面满足了购物需求，另一方面也增加了获奖概率和获奖金额，一举两得。

10.3.3　视频质量：制作优质视频

视频的质量、播放量和互动量都是影响拍摄任务收益的重要因素。具体来说，视频的质量、播放量和互动量越高，达人获得高收益的概率就越大。因此，提高视频的质量、播放量和互动量，就能提高收益，而且视频的质量会在一定程度上影响视频的播放量和互动量，所以视频质量是达人一定要重视的因素。

怎样才能提高视频的质量呢？达人可以从视频脚本的创作和视频后期剪辑两个方面努力。达人在满足任务要求的基础上要尽可能地创作具有新意的视频脚本，增加视频的吸引力；视频拍摄完成后，达人可以使用剪辑软件对视频进行处理，如使用剪映 App 为视频添加音乐、字幕、滤镜和特效等元素，从而丰富视频的内容。

10.3.4　播放量：引起观众好奇

既然视频的播放量会影响任务收益，那么如何提高视频的播放量呢？这要结合视频的具体情况进行分析。如果视频的质量和播放量都不高，那么达人可以先努力提高视频的质量；如果视频的质量不错，但播放量却不高，达人可以对视频的标题和封面进行调整，如标题可以采用问句的形式引起观众的好奇心、封面尽量设置得精致唯美等，使观众产生点进去观看的动力。

10.3.5　互动量：引导观众互动

视频的互动量包括点赞量、评论量和转发量。有时候视频的播放量很高，互动量却很少，这可能是因为视频虽然质量不错，但达人没有引导观众进行互动，所以观众只是观看视频，而很少点赞、评论或转发视频。下面介绍提高点赞量、评论量和转发量的方法。

1. 点赞量

达人可以在标题中写上"喜欢视频的朋友记得点赞收藏"，也可以在视频中直接向观众提出点赞的要求，但注意语气不要强硬，这样容易引起观众的反感。

2. 评论量

评论代表了观众对视频话题或内容的态度和观点，想提高评论量，有两个技巧。

（1）为观众制造可以评论的话题。例如，可以在标题或视频中用疑问句的形式引出话题，吸引观众进行评论。要注意的是，选择的话题最好能引起大多数人的共鸣，这样才能引导更多观众进行评论。

（2）视频内容要有感染力，能调动观众情绪。例如，可爱的宠物视频能激起观众的喜爱，唯美的风景视频能引起观众的向往，而观众很容易会把情绪在评论中表达出来，所以评论量自然也会提高。

3. 转发量

观众转发一个视频，可能是因为很喜欢这个视频，想分享给朋友；也可能是因为这个视频能帮助观众或观众的朋友解决遇到的问题。

提高转发量最有效的方法就是从视频内容入手。如果视频内容有价值或视频质量很高，观众自然愿意转发分享；如果视频很搞笑，观众也愿意转发出去，传播快乐。所以想提高转发量，达人就要重视视频内容的策划和制作。

10.4 制作技巧：获得更高收益

看播任务和轻任务想获得更高的收益分配，就要在参与互动任务时多用心；而拍摄任务想得到更高的现金收益，就要掌握一些技巧制作出更好的视频效果。本节以拍摄任务为例，介绍 6 个视频制作技巧，帮助达人获得更高收益。

10.4.1　坚持原创：拒绝抄袭视频

原创一直是抖音平台坚持的原则之一，因为只有坚持原创，才会有更多新的内容不断涌现。达人参与拍摄任务时也要遵循这一原则，而且原创视频能带给观众新鲜感，自然就能吸引更多关注。

除此之外，达人最好不要搬运和抄袭他人的视频。一方面，搬运或抄袭的视频很难通过审核，审核未通过，就意味着达人没有完成任务，需要从头再来；另一方面，即便视频通过审核，同样的内容也很难让观众产生兴趣，自然不会有很高的播放量和互动量，而且抄袭或搬运的视频还会存在版权纠纷，达人参与任务是为了获得任务奖励，不要因为搬运或抄袭视频而得不偿失。

10.4.2　真人出镜：敢于直面镜头

在拍摄视频时，真人出镜可以增加观众的好感，而且有些任务的必选要求之一就是真人出镜。因此，达人想获得收益，就要敢于真人出镜，直面镜头。

如果达人一时想不出视频创意，可以模仿示例视频中的舞蹈或创意，拍摄类似的视频，并在模仿的基础上添加自己的想法。

10.4.3　视频点题：展示广告内容

品牌方发布任务的最终目的是营销自身和产品，达人参与拍摄任务其实就是为品牌方制作广告视频，所以达人最好在视频中对广告内容进行展示，但是展示不能过于生硬和直接，要巧妙地将广告融入视频内容中，如将产品当剧情道具、将产品放置在视频背景的显眼位置等。

达人还可以在视频标题和文案中提及广告内容，增加品牌或产品的曝光度。不过使用这种方法时达人要注意标题文案与视频内容的相关性，如达人可以将标题"和 XX 过一天"中的 XX 替换成产品名称，视频内容就是达人一天中使用产品的体验，这样既能点题，又能向观众分享使用体验，从而获得观众的信任。

10.4.4　撰写标题：引起观众共鸣

标题就是一个视频给人的第一印象，好的标题能准确地概括视频内容，吸引感兴趣的观众观看视频，还能引起观众的共鸣，增加视频的互动量。达人要想写出好标题，需要注意如下 3 个方面。

（1）符合任务要求。有些任务对视频标题有一定要求，如标题中一定要有指定的内容等，达人一定要先确保标题符合任务要求，再对标题进行调整和优化。

（2）要结合视频内容撰写标题。观众判断视频值不值得点进去观看的重要参考依据就是标题，因此标题要如实地反映视频内容，这样才不会让喜欢相关内容的观众因为标题而错过视频，从而影响视频的播放量。

（3）标题要引导观众进行互动。互动量也是影响收益的重要因素之一，所以达人在设置标题时可以运用一些小技巧，吸引观众进行点赞和评论。

10.4.5　内容选择：精心策划视频

搞笑的视频内容能让观众放松心情，正能量的视频内容能带给观众感动和激励，反转类的视频能让观众感到惊喜和新奇，所以这 3 类视频内容更受欢迎，也更容易上热门。达人在策划视频内容时可以安排一些搞笑情节；或在剧情上设置一些前后的反差；或在视频结尾对主题进行升华，弘扬正能量。

10.4.6 热门玩法：增加视频热度

抖音什么玩法最火？不同时期的答案也不相同，这是因为抖音会不断地推出各种新玩法，如此才会受到广大达人的欢迎和喜爱。为视频添加热门的玩法或话题，可以丰富视频内容，也可以增加视频热度。

达人可以点击抖音 App "首页"界面右上角的按钮，进入搜索界面查看"抖音热榜"，如图 10-12 所示，达人根据任务要求和自身条件选择合适的热点话题进行拍摄即可。

图 10-12　查看"抖音热榜"

10.5　作品分析：了解视频特色

了解了这么多全民任务的参与方法和技巧，是不是依然觉得无从下手呢？本节对一些优质的全民任务视频作品进行分析和概括，总结其特色和制作技巧，以帮助达人轻松完成任务，获得更高收益。

10.5.1 展现形式：Vlog ＋ BGM

Vlog（video blog 或 video log，视频网络日志）是近年来非

常热门的视频类型，它凭借真实的内容、个性的表达迅速在各大视频平台占据一席之地，获得了各大博主和广大观众的喜爱。而 BGM（background music，背景音乐）可以起到调节气氛、传递情感的作用，为视频添加合适的 BGM 可以增加视频的完整性，带动观众的情绪，运用热门的 BGM 还可以为视频增加关注度。

将 Vlog 和热门 BGM 两者结合使用，可以让达人的作品从众多投稿视频中脱颖而出，从而获得更多播放量和互动量。图 10-13 所示是一个全民任务的投稿作品，视频以 Vlog 的形式展示了创作者暑假在家的生活碎片，配上经典电视剧《家有儿女》的背景音乐，营造出轻松休闲的氛围，品牌方指定出镜的冰淇淋作为视频道具出现，既不显得突兀，又有足够的镜头对产品进行展示，轻松地完成了任务要求。

图 10-13　全民任务的投稿作品

点击●按钮进入评论区，如图 10-14 所示，可以看到不少被 BGM 勾起回忆或被冰淇淋勾起食欲的观众纷纷留言互动。这条视频在满足任务要求的基础上，运用热门 Vlog ＋ BGM 的展现形式，获得了不错的任务收益。

图 10-14　评论区

当然，Vlog 的形式并不适合所有的拍摄任务，达人要根据任务要求灵活地选择视频形式。BGM 的选择也是同样的道理，如果任务规定了背景音乐，达人必须满足任务要求；如果任务没有规定背景音乐，那么达人在选择时既要考虑歌曲热度又要考虑与视频的适配度，再热门的歌曲如果和视频内容不搭，也难以发挥它的作用。

达人可以点击抖音 App "首页" 界面右上角的 🔍 按钮，进入搜索界面，切换至 "音乐榜" 选项卡，如图 10-15 所示。点击任意歌曲，即可进入 "抖音音乐榜" 界面查看热门歌曲，如图 10-16 所示。

达人也可以在 QQ 音乐中查看抖音歌曲排行榜，为视频寻找合适的 BGM。达人打开 QQ 音乐 App，在 "首页" 界面中切换至 "音乐馆" 选项卡，点击 "排行" 按钮，进入 "QQ 音乐排行榜" 界面，在 "特色榜" 选项区中选择 "抖音排行榜" 选项，即可查看当下流行的抖音热歌。

图 10-15 切换至"音乐榜"选项卡

图 10-16 查看热门歌曲

10.5.2 善用表演：制造戏剧效果

大部分拍摄任务都要求或鼓励达人真人出镜拍摄视频，而真人出镜并不仅仅意味着露脸，想获得高收益，就要在真人出镜的基础上加以夸张的表演，制造出更具吸引力、更富有戏剧性的视频效果。

观众在看视频时更容易被态度鲜明、情绪有起伏的内容吸引，所以如果达人在视频中并没有添加表演或表演得不够夸张，观众很难对视频内容产生兴趣，也就不太可能点赞或评论视频，达人的收益自然不会太高。

当然，夸张并不意味着离谱，达人只要在表演时将动作的幅度、脸上的表情以及台词的情绪转变做得更明显醒目一些，让观众能体会到其中的情感就可以了，如果用力过猛，反而会让观众觉得太假而失去兴趣。

例如，同样是冰淇淋的拍摄任务，另一位达人以冰淇淋为引子，运用夸张的表演，为观众带来了一场搞笑科普性视频，让观众在捧腹大笑的同时还学到了知识。除了夸张的表演方式，这个视频还运用了精巧的制作手法，让油画里的人动了起来，还开口与达人进行对话，如图 10-17 所示。新奇的特效让观众眼前一亮，也让视频获得了更多关注和点赞。

图 10-17 运用了精巧制作手法的视频

达人为视频添加特效可以增加视频的可看性，从而提高获得收益的概率。但这对达人的视频制作能力有一定的要求，而且还要考虑视频内容是否需要添加特效或添加哪种类型的特效，所以要谨慎选择。

10.5.3 风格独特：融入个人 style

style 指的是风格、特性。拍摄有自己 style 的作品就是要求达人在拍摄过程中充分发挥自己的创意和想法，制作出有个人特色的视频。一个任务有那么多的投稿作品，达人的视频要想被观众看到，就必须有其独特之处，而拍摄有自己 style 的作品就是一个提升视频独特性的好方法。

那么，达人要如何将个人特色融入作品中呢？最简单的方法就是将自己的特长和任务要求相结合，在满足任务要求的基础上运用自身的特长为观众带来精彩的视频效果。图 10-18 所示是一个地标推广任务的投稿视频，达人将自己擅长的魔术和任务要求的地点相结合，在商场的标志性地区与路人互动表演魔术，神奇的魔术表演和路人真实的反应让视频获得了超高的点赞量。

图 10-18　地标推广任务的投稿视频

通过这个视频可以看出，达人只要能找到自身特长与任务要求结合的最佳方式，就可以轻松地拍摄出有自己 style 的作品。一方面发挥自身特长有利于观众认识和了解达人账号，另一方面自身特长的加入使视频内容摆脱了枯燥和乏味，更容易获得观众的好感，最后的任务收益自然不错。

如果达人没有突出的特长，可以考虑从自己的身份和职业出发，如大学生可以将学校生活和任务要求相结合、白领可以将日常工作和任务要求相结合，这样有身份或职业特色的视频内容很容易引起同龄或同行业观众的共鸣。

10.5.4 精彩片头：吸引观众看完

为了更好地完成任务要求，视频的时长一般保持在 1～2 分钟左右，但如果没有足够的动力驱使，观众不一定会看完整个视频，点赞评论的概率也就不会太高。因此，想获得高收益，就要学会使观众产生看视频的动力和兴趣的方法。将精彩片段放到视频开头就是一个好办法，观众一点开视频，就会被精彩片段吸引，增加观众看完视频的概率。

精彩片段可以是故事冲突最激烈的部分，也可以是多个高光片段的集合，还可以是真相大白的高潮部分。但是达人也要注意两个问题，一是精彩片段的内容不能过长，太长会容易误导观众分不清究竟哪一个是片头哪一个是正片；二是精彩片段不能将视频所有的亮点或故事的结局都展示出来，否则观众只需要看完片头就能了解视频的精华或故事的结局，也就没有必要继续看下去了。

达人在制作精彩片段时要把握好度，可以将亮点从小到大进行排列，精彩片段只展示前一部分，留下部分亮点等待观众在后续的观看过程中发现，也可以截取一部分故事的结局片段，只要不放出最后的结局，就能让观众保持好奇心一直看下去。

10.5.5 发挥创意：另类解读任务

有些达人可能没有高超的视频制作技术，也没有突出的特长展示，这种情况下想获得更高收益，就要开动脑筋，创意性地完成任务要求。

不同的人对任务要求的理解可能相同，也可能不同，达人在阅读任务要求时不能单纯地只做阅读理解，更要挖掘要求的深层内涵，从不同的角度进行解读，思考完成任务的多种形式。在没有技术加分的情况下，创意也能让达人的视频脱颖而出，受到观众的关注和喜爱。

如图 10-19 所示，面对任务要求里的"拍一拍你的老板"，该达人将自己的老公当作老板，在完成任务要求的同时，还成功塑造了贴心老公的形象。

图 10-19　创意性地完成任务要求

04　团购带货篇

第11章

开通:
参与团购带货

团购带货为商家和达人提供了新的合作机会,只要达人发布带有位置或团购的视频就有机会获得收益,实体商家也能获得一波客流量。本章介绍团购带货的开通技巧、参与流程以及达人参与团购带货可以享受的基本权益。

11.1 开通技巧：参与团购带货

团购带货就是商家发布团购任务，达人通过发布带位置或团购的相关视频吸引用户点击并购买商品，用户完成到店使用后，达人即可获得佣金。需要注意的是，团购带货售卖的商品是以券的形式发放给用户的，不会产生物流运输和派送记录，需要用户自行前往指定门店，出示商品券，完成消费。

团购带货如此火爆，主要是因为达人只需要发视频就能获得收益，而商家只需要发布任务就能获得客人，用户也能以优惠的价格购买到商品，一举多得。本节介绍商家如何开通"团购带货"功能和达人如何申请团购带货。

11.1.1 开通功能：提升店铺名气

团购带货在为商家带来客流量的同时，也能提高店铺的知名度。商家想开通"团购带货"功能，首先要开通一个抖音的企业蓝 V 账号，下面介绍具体的操作方法。

Step 01 打开并登录抖音 App，❶切换至"我"界面；❷点击右上角的▤按钮；❸在弹出的列表框中选择"创作者服务中心"选项，如图 11-1 所示。

Step 02 执行操作后，即可进入创作者服务中心界面，点击"全部分类"按钮，如图 11-2 所示。

Step 03 执行操作后，即可进入"功能列表"界面，点击"免费开企业号"按钮，如图 11-3 所示。

Step 04 执行操作后，进入"开通企业号"界面，如图 11-4 所示，商家根据要求上传营业执照、进行身份验证以及填写认证信息并支付审核服务费，审核通过后即可享受企业号的所有权益。

图 11-1　选择"创作者服务中心"选项

图 11-2　点击"全部分类"按钮

图 11-3　点击"免费开企业号"按钮

图 11-4　进入"开通企业号"界面

　　企业蓝 V 账号开通后，商家要认领店铺才能发布团购任务。认领店铺的操作很简单，具体步骤如下。

Step 01 ❶商家在抖音中输入并搜索店铺；❷切换至"地点"选项卡；❸选择相应店铺，如图 11-5 所示。

Step 02 进入店铺主页，❶点击右上角的 **...** 按钮；❷在弹出的列表框中选择"商家认领"选项，如图 11-6 所示。进入"门店选择"界面，根据提示进行门店选择和资质信息填写，填写完成后提交申请，等待审核。审核通过后，商家就可以创建团购了。

图 11-5　选择相应店铺

图 11-6　选择"商家认领"选项

如果商家在抖音 App 中搜索不到自己的门店地址，可能是因为还没有在高德地图上认领门店，此时商家要先去高德地图进行商家认领。

商家可以打开并登录高德地图 App，❶切换至"我的"界面；❷点击"我的店铺"按钮，如图 11-7 所示。进入相应界面，点击"我要入驻"按钮，如图 11-8 所示。进入"新增门店"界面，根据提示填写相关信息并进行资质认证后，等待审核，审核通过即可完成认领。在高德地图中认领好店铺后，商家就可以进行抖音 App 的商家认领了，然后开通"团购带货"功能。

图 11-7　点击"我的店铺"按钮　　　　图 11-8　点击"我要入驻"按钮

> **特别提醒** 商家在抖音 App 或高德地图 App 中填写店铺信息时，一定要与营业执照上的信息保持一致，否则会影响审核结果。

11.1.2　申请条件：成为团购达人

　　商家发布团购任务后，用户可以申请成为团购达人，通过发布带位置或商品的视频获得现金返佣奖励。想申请团购带货，用户账号的粉丝量必须要大于或等于 1000，这里要求的粉丝量指的是抖音账号的纯粉丝量，不包括绑定的第三方账号粉丝量。用户如果想查询账号的粉丝量，可以在"我"界面中点击"粉丝"，进入相应界面查看各平台账号的粉丝量。

　　用户打开并登录抖音 App，进入"功能列表"界面，点击"团购带货"按钮，如图 11-9 所示。执行操作后，进入"抖音团购带货申请"界面，如图 11-10 所示，如果用户的账号符合条件，点击"申请团购带货"按钮即可进行申请。

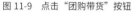

图 11-9 点击"团购带货"按钮　　图 11-10 进入"抖音团购带货申请"界面

11.2 参与流程：3 步完成带货

达人想通过团购带货获得佣金收益，只需要在发布视频时添加相应的位置或团购信息，等用户通过视频点击并购买商品且到店使用后，达人就可以获得现金收益。本节介绍参与团购带货的 3 个步骤。

11.2.1 发布视频：带位置或团购信息

参与团购带货的第一步，就是发布带位置或团购信息的视频作品。达人挑选好要推广的门店或带货商品后，就可以拍摄制作并发布视频了。这一步有两个重点需要达人特别注意，一个是要制作高质量且相关性高的视频，另一个是发布作品时要带上位置或团购信息。

1. 制作高质量且相关性高的视频

制作高质量的视频有利于提高达人的返佣收益。因为位置或团购信息在视频中显示的位置较小，所以用户会不会点击查看甚至购买商品，在很大程度上取决于达人的视频质量。视频的质量越高，用户购买并使用商品的概率就越高，达人获得的佣金自然越高。

想制作高质量的视频，达人可以从策划视频内容和视频后期剪辑两个方面入手。在策划视频内容时，达人要注意视频内容与团购商品的相关性。相关性越高，用户的信任度才会越高；如果相关性很低或者完全不相关，用户就很难对团购产生信任，购买商品的概率也会变低。视频拍摄完成后，达人可以使用剪映 App 进行剪辑，并为视频添加背景音乐、字幕、贴纸、滤镜和特效等元素来丰富视频内容，以此增加团购商品的吸引力。

2．发布作品时带上位置或团购信息

视频制作完成后，就可以在抖音中发布视频了，达人在发布视频时一定要记得带上位置或团购信息，否则就无法获得收益。不过，一个视频不能同时添加位置和团购信息，达人根据需要选择添加其中的一个即可。下面介绍添加位置和团购信息的操作方法。

Step 01 点击任意界面下方的 ✚ 按钮，进入拍摄界面，点击"相册"图标，进入"所有照片"界面，❶切换至"视频"选项卡；❷选择相应视频，如图 11-11 所示。

Step 02 执行操作后，进入编辑界面，点击"下一步"按钮，如图 11-12 所示。

Step 03 执行操作后，进入"发布"界面，点击"添加位置／门店推广"按钮，如图 11-13 所示。

Step 04 执行操作后，进入"添加位置"界面，❶切换至"门店推广"界面，❷在搜索框中输入并搜索相应门店；❸在搜索结果中选择相应门店，如图 11-14 所示，即可成功添加门店链接。

Step 05 达人还可以使用团购组件添加团购商品，点击门店链接右侧的 ☒ 按钮，删除添加的门店信息，❶点击"添加标签"按钮；❷在弹出的"添加标签"对话框中选择"位置（团购组件）"选项，如图 11-15 所示。

Step 06 执行操作后，进入"添加团购组件"界面，❶在搜索框中输入

并搜索商家名称；❷点击相应商品右侧的"添加"按钮，如图 11-16 所示，即可成功添加团购商品链接。

图 11-11　选择相应视频

图 11-12　点击"下一步"按钮

图 11-13　点击"添加位置 / 门店推广"按钮

图 11-14　选择相应门店

图 11-15 选择"位置（团购组件）"选项

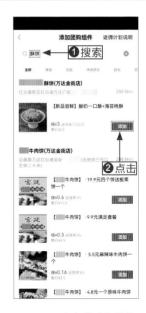

图 11-16 点击"添加"按钮

需要注意的是，在选择门店或商品时，达人一定要选择有商品的门店或有佣金的商品，否则即使用户购买并使用了商品，达人也不会有现金奖励。

11.2.2 购买商品：用户前往使用

视频发布完成后，只要用户从视频中购买了商品并完成使用，达人就可以获得返佣收益。那么，用户如何购买并使用团购商品呢？

用户在观看视频时，如果对团购商品感兴趣，点击视频中的绿色店铺信息标签，即可进入店铺主页查看店铺信息、团购商品和打卡视频，如图 11-17 所示。

如果想购买商品，用户只需在店铺主页中点击相应商品，进入"团购详情"界面，再点击"立即购买"按钮，如图 11-18 所示。进入"确认订单"界面，点击"提交订单"按钮，如图 11-19 所示，完成支付后即可参与团购。

图 11-17　进入店铺主页

图 11-18　点击"立即购买"按钮　　图 11-19　点击"提交订单"按钮

　　用户购买成功后，可以❶在"我"界面中点击▤按钮；❷在弹出的列表框中选择"我的订单"选项，如图 11-20 所示。进入相应界面，点击"我的订单"按钮，在"全部订单"界面中查看商品信息，如图 11-21 所示。如果用户想使用商品，只需要在规定时间内前往相应的门店出示商品码或商品券，店家核销订单即可完成消费。

图 11-20　选择"我的订单"选项　　　图 11-21　查看商品信息

> **特别提醒**
>
> 核销指的是用户出示团购商品券码后，店员根据流程对订单信息进行核实和注销的操作。只有完成核销，订单才会显示为已完成状态，用户才能获得购买的商品，店家才算售出商品，达人也才会有佣金奖励。

11.2.3　收益提现：查看返佣奖励

只有用户完成到店使用后才会发放返佣奖励，达人要等待团购核销后 10 分钟才能看到更新的订单和佣金收益。达人可以单独查看返佣收益，但无法单独提现，只能先将返佣收益进行结算，结算完成后再将账号的累计收益提现到自己的账户。下面介绍达人查看返佣奖励和提现累计收益的操作方法。

Step 01 达人进入创作者服务中心界面，点击"任务中心"按钮，如图 11-22 所示，即可进入"任务中心"界面。

Step 02 点击"我的"按钮，如图 11-23 所示，即可进入"个人中心"界面查看账号的累计收益。这里的累计收益包括了各种任务奖励和团购带货的返佣奖励。

图 11-22 点击"任务中心"按钮

图 11-23 点击"我的"按钮

Step 03 如果达人想单独查看返佣奖励的收益情况，可以点击"个人中心"界面中的"生活服务返佣"按钮，进入"返佣奖励"界面进行查看；如果达人想结算返佣奖励，可以点击"返佣奖励"界面中的"结算"按钮，如图 11-24 所示，根据提示进行结算操作即可。

Step 04 如果达人想将收益提现至个人账户，可以在"个人中心"界面中点击"去提现"按钮，如图 11-25 所示，根据提示进行操作，即可完成提现。

图 11-24　点击"结算"按钮

图 11-25　点击"去提现"按钮

11.3　基本权益：获得更多扶持

用户成为团购达人后，可以享受更多权益，获得更多扶持和变现的机会。团购带货的权益一共有 10 个，而达人团购带货等级的高低决定了可享受权益的多少，各等级对应的可享受权益如表 11-1 所示。

表 11-1　各等级对应的可享受权益

达人的团购带货等级	达人可享受的权益
LV1	团购分佣、数据中心以及课程中心
LV2	团购分佣、数据中心、课程中心以及新功能试用
LV3	团购分佣、数据中心、课程中心、新功能试用以及达人广场
LV4	团购分佣、数据中心、课程中心、新功能试用、达人广场、官方社群以及官方活动
LV5	团购分佣、数据中心、课程中心、新功能试用、达人广场、官方社群、官方活动以及荣耀奖励
LV6	团购分佣、数据中心、课程中心、新功能试用、达人广场、官方社群、官方活动、荣耀奖励以及专属运营（VIP 客服服务）

从表 11-1 中可以看出，团购带货的等级越高，达人可享受的权益就越多，LV6 的团购达人可以享受的权益最多。但是一些达人可能还不清楚各项权益究竟是什么，有什么作用，本节介绍各项权益的具体内容和作用。

11.3.1　团购分佣：获得带货佣金

达人申请团购带货成功后，就可以开通视频并添加团购带货组件功能，通过发布添加了位置或团购信息的视频获得返佣奖励。团购带货的变现门槛相对较低，达人只需要拍摄探店视频，并添加相应链接进行发布，就可以坐等佣金到账，不需要花费太多时间和精力，成本低但收益可观。

达人想获得返佣奖励，就要选择有佣金的商品进行带货。那么，如何更快地找到更多有佣金的商品呢？抖音整合了同城的佣金商品资源，达人只需进入"探店赚佣金"界面，就可以快速找到心仪的商品。下面介绍查找商品的操作方法。

Step 01 进入创作者服务中心界面，点击"团购带货"按钮，如图 11-26 所示，进入"团购带货"界面。

Step 02 点击"探店赚佣金"按钮，如图 11-27 所示。

Step 03 执行操作后，即可进入"探店赚佣金·长沙市"界面，如图 11-28 所示，界面会根据账号的位置定位切换至相应城市，并默认显示定位附近所有有佣金的门店商品。

Step 04 达人可以直接搜索相应的商家或商品名称，也可以通过设置筛选条件浏览和查找商品，如❶点击"筛选"按钮；❷在弹出的列表框中可以选择性地对"佣金区间""佣金率区间""商品折扣"进行设置；❸设置完成后点击"确定"按钮，如图 11-29 所示，即可完成筛选，显示满足条件的门店商品。

图 11-26　点击"团购带货"按钮

图 11-27　点击"探店赚佣金"按钮

图 11-28　进入"探店赚佣金·长沙市"界面

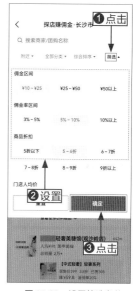

图 11-29　设置筛选条件

达人还可以点击"附近""全部分类""综合排序"按钮，分别对显示的商家范围、行业和顺序进行设置。设置的区域范围越大，显示的商家就越多；设置的行业类型越细致，显示的商家就越少；根据设置的排序条件，商家会重新进行排序显示。达人可以只设置一种筛选条件，挑选出更满意的商品；也可以设置多种筛选条件，更精确地查找商品。如果设置完成后没有门店显示，说明当前没有符合条件的门店，达人可以适当地放宽筛选条件再进行挑选。

11.3.2 数据中心：了解带货能力

达人可以在"数据看板"界面查看详细的电商数据。在"功能列表"界面中点击"数据中心"按钮，即可进入"数据中心"界面，如图 11-30 所示。点击"查看电商数据"按钮，即可进入"数据看板"界面查看相应数据，如图 11-31 所示。

图 11-30 "数据中心"界面

图 11-31 "数据看板"界面

"数据看板"界面展示的数据包含了各个渠道的成交人数、金额和订单数，而"团购带货"界面为达人提供的数据看板可以让达人有针对性地查看带货数据，让达人对用户偏好和自身带货能力有一个全面的认识，方便达人对照数据分析并总结出视频的优缺点，从而对视频进行优化和改进。

达人在"团购带货"界面中点击"明细数据"按钮，如图 11-32 所示。执行操作后，即可进入"团购带货近 30 日数据看板"界面，如图 11-33 所示，达人可以在"短视频概览"选项卡中查看短视频的各项数据；可以在"短视频明细"选项卡中查看产生订单的视频信息。

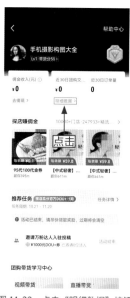

图 11-32　点击"明细数据"按钮　　图 11-33　"团购带货近 30 日数据看板"界面

11.3.3　课程中心：快速涨粉变现

为了帮助达人更好地进行团购带货，获取更多的返佣奖励，抖音为达人提供了专业的课程中心，以短视频的形式对达人在带货过程中可能会遇到的问题进行解答，帮助达人快速涨粉变现。达人在"团购带货"界面的"团购带货学习中心"选项区中选择"视频带货精选课"选项，即可进入"视频带货学习中心"界面，在此学习短视频带货的流程和实用技巧，如图 11-34 所示。

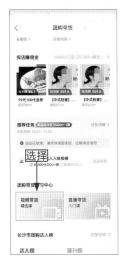

图 11-34　"视频带货学习中心"界面

除了短视频带货外，抖音目前还支持直播带货，但是直播带货并没有面向所有达人开放，只有带货等级在 3 级及以上的达人可以申请。达人可以选择"团购带货学习中心"选项区中的"直播带货入门课"选项，进入"直播带货学习中心"界面，如图 11-35 所示，在此可了解直播带货的申请方式和教学课程。点击相应课程右下方的"进入学习"按钮，即可进入视频播放界面观看课程视频，如图 11-36 所示。

图 11-35　"直播带货学习中心"界面　　图 11-36　观看课程视频

11.3.4　其他权益：等级高权益多

达人申请团购带货成功后，就会获得 50 分的等级分，团购带货等级自动成为 LV1，因此可以享受团购分佣、数据中心和课程中心这三项权益，但其他权益需要达人不断提升带货等级才能逐步解锁。下面介绍其他权益类型。

1. 新功能试用权

抖音不断推出的新产品和新功能在为用户带来新鲜感的同时，也提高了用户的黏性和活跃度。达人可以提前试用抖音推出的最新产品和功能，研究新产品或新功能的使用方法，为视频创作和变现增加新花样。

2. 入驻达人广场

达人广场是抖音提供的达人交流平台，这里汇集了众多优质达人，入驻达人广场可以帮助达人了解和学习别人的带货方式，提高达人自身的带货能力。

达人广场除了对达人开放外，还对商家开放，商家可以直接在达人广场上挑选合适的达人进行沟通，从而提高了达人获得商单的概率。

3. 进入官方社群

官方社群可以为达人提供更多、更新的信息，帮助达人更好地运营账号。不过，达人无法主动加入官方社群，只有当达人的团购带货等级达到 LV4 后，才会收到抖音官方发送的邀请私信，通过邀请才能进入社群。

4. 官方活动机会

达人会获得更多参与官方团购活动的机会，还会获得一定的流量扶持，以帮助达人获得更多的现金返佣奖励。

5．荣耀奖励资格

优质达人有机会获得参与大小晚会的资格，还可能获得奖项提名和认证，有利于提高达人的知名度，拓宽达人的交际面。

6．官方平台签约

当达人的团购带货等级达到 LV6 时，会获得与官方平台签约的机会，正式签约后，达人还会获得专属的流量扶持。

7．VIP 客服服务

优质达人会获得专属的运营客服，可以解决达人在运营账号过程中的许多问题，帮助达人更轻松地进行带货和变现。客服的具体作用如图 11-37 所示。

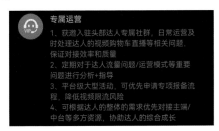

图 11-37　专属运营客服的作用

第12章
运营：
轻松赚取佣金

　　有些用户虽然已经成了团购带货达人，但对于带货有什么好处、如何提升带货能力以及怎样制作好的带货视频还是一知半解。本章主要介绍团购带货的收益类型、运营技巧以及拍摄＆剪辑技巧，帮助达人提升销量，增加收益。

12.1 收益类型：了解带货好处

用户成为团购带货达人，发布添加了位置或团购信息的视频后，就有机会获得现金返佣奖励和官方流量扶持两种收益。本节对这两种收益分别进行介绍。

12.1.1 现金返佣：佣金和订单数

达人通过团购带货获得的最直接收益就是现金返佣奖励，只要达人选择的是有佣金的商品，用户购买并完成到店使用后就可以获得返佣收益。

影响达人获得现金返佣奖励的因素有两个，一个是商品的佣金，另一个是完成的订单数。一般来说，佣金越高且完成的订单数越多，达人的收益也就越高，所以达人在选择商品和制作视频时要多考虑这两个因素。

1. 商品的佣金

商品的佣金是指完成一个订单后达人可以获得的现金奖励。同样的订单数量，佣金越高，达人的收益就越高。佣金是商家发布团购任务时决定的，在"探店赚佣金·长沙市"界面中每件商品的佣金和返佣率（返佣率是佣金和售价的比率）以红色字体显示，达人可以根据佣金最高或销量最高的条件对商品进行重新排序，如图 12-1 所示，以便更快地找到带货商品。

达人选择带货商品时，不能一味地选择佣金高的商品，因为佣金高的商品可能售价也很高，而售价越高的商品，用户购买并使用的可能性就越低，达人获得收益的概率也就越低；也不能一味地选择佣金低的商品，因为在订单数量不多的情况下，达人获得的收益就会很低，与付出的时间和精力不成正比。

图 12-1　根据"佣金最高"或"销量最高"的条件进行排序

2. 完成的订单数

商家发布团购任务是为了增加店铺的客流量，只有用户到店消费才算达到任务的目的，因此只有用户购买了商品并完成到店使用后，订单才算完成，达人才能获得收益。另外，如果用户不想要了，未使用的商品在有效期内可以随时退款；而商品过期后，未使用的商品会自动退款，这两种情况下达人都不会获得收益。

因此，达人想获得更高的收益，就要增加完成的订单数，想增加完成的订单数，就要从用户的角度考虑。

1）商品的选择

达人在选择商品时，除了考虑佣金因素外，还要考虑商品的售价、品牌、品类和适用门店。

❖　商品的售价：商品的售价会影响用户购买商品的概率，售价低的商品，用户的考虑时间会更短，购买的可能性会更高。例如，用户很容易因为冲动而购买几元或十几元的商品，但很少会因为冲动而购买几百元甚至上千元的商品。而且购买的商品售价越高，用户对于使用商品的态度就会越谨慎，取消订单的概率就会越高。

❖ 商品的品牌：商品的品牌会影响用户对商品的信任度，如果商品来自知名品牌，用户的信任度就会较高，购买并使用的可能性也就越大。但是达人在挑选时还要特别注意品牌的相关信息，要避开有质量问题的品牌，否则会引起用户的反感。

❖ 商品的品类：商品的品类会影响商品的使用频率，从而影响用户的购买和使用概率。例如，一杯奶茶和一张滑翔伞飞行年卡，哪一个商品对于用户来说购买和使用的概率更高？当然是一杯奶茶。一方面，奶茶的价格和使用成本更低，奶茶只需要用户前往指定门店使用券码，而用户使用滑翔伞飞行年卡时，还需要付出一定的交通和时间成本；另一方面，奶茶的使用频率更高，适用范围也更广，即便是没有喝奶茶习惯的用户，也可能一个月喝上一两次，并且不适宜或不喜欢喝奶茶的人群较少，而滑翔伞运动对参与人员的身体素质有一定的要求，除非是滑翔伞运动爱好者，否则很少会有人经常去滑翔。

❖ 适用门店：一般来说，商品的适用门店越多，用户购买和使用商品的概率就越大。因为适用门店越多，用户使用商品的成本就越低，购买和使用商品的意愿也就越高。例如，一份糕点的适用门店有很多，用户就可以前往距离最近的门店进行使用，节省交通和时间成本；如果一份糕点的适用门店只有一两个，且都距离用户较远，那么用户为了这份糕点而支付交通费用并花费时间和精力前往门店的概率就很低，自然不太可能购买商品。

2）视频内容的制作

用户在抖音上购买团购商品时最主要的参考内容就是达人发布的带货视频，好的带货视频对用户购买和使用商品有一定的促进作用，因此达人要尽可能地提高视频质量，从而增加订单量。

选择好商品后，达人要明确商品的优点和优惠幅度，并在视频中进行展示，让用户产生一种买到就是赚到的感觉，刺激用户的购买欲。除此之外，在保证真实性的前提下，达人可以对视频画面进行一定的美化，以此来提高视频的美观度，引起用户的向往，增加用户使用商品的概率。

12.1.2 流量扶持：帮助达人吸粉

抖音官方对探店视频会有流量扶持，吸引更多的用户观看视频，在提高达人获得更多返佣奖励的概率的同时，还能增加达人账号的粉丝量，从而为后续发布的视频提供良好的粉丝基础。

12.2 运营技巧：获得更多奖励

想获得更多的现金返佣奖励，达人就要掌握一定的运营技巧，提高自身的带货能力，本节介绍 5 种运营技巧。

12.2.1 提升等级：享受更多权益

团购带货等级是达人带货能力的体现，等级越高，可享受的权益就越多。团购带货等级一共有 6 级，每完成一次团购带货任务都可以获得带货等级分，当等级分达到一定要求后就可以提升带货等级，不同等级需要达到的最低等级分如表 12-1 所示。

达人想获得等级分，就要完成团购升级任务，平台会以 30 天为一个周期，根据达人在 30 天内任务的完成情况计算等级分，并在达人完成任务的第二天上午 10 点更新等级分，而达人的带货等级会在每周二根据等级分进行更新。需要特别注意的是，周二更新的等级是平台根据周一上午 10 点更新的等级分进行评级的，与周二上午 10 点更新的等级分无关。

表 12-1　不同等级需要达到的最低等级分

团购带货等级	需要达到的最低等级分
LV1	50 分
LV2	100 分
LV3	300 分
LV4	600 分
LV5	1000 分
LV6	1500 分

在"团购带货"界面中，带货等级和带货分（即等级分）显示在账号名称的下方，账号名称的右侧还显示了相应的等级图标，如图 12-2 所示。点击带货等级或等级图标，即可进入"等级详情"界面，如图 12-3 所示，在这里达人可以查看团购带货等级、当前等级分、当前等级可享受的权益以及团购升级任务。向左滑动团购带货等级，达人还可以查看其他等级可享受的权益和升级到该等级所缺少的等级分。

图 12-2　查看带货等级、带货分和等级图标

图 12-3　进入"等级详情"界面

12.2.2　数据看板：了解带货效果

达人可以在"团购带货近 30 日数据看板"界面中查看视频带货数据。在"短视频概览"选项卡中提供了团购交易额、订单量、商品曝光量和涨粉画像等数据，而在"短视频明细"选项卡中达人则可以查看每笔订单的详细情况，方便达人对不同短视频的带货效果进行了解，找到更受欢迎的视频方向，从而提高带货能力。

12.2.3　完成任务：提高带货能力

达人如果想获得更多的现金返佣奖励，就要提高自身的带货能力，增加订单量。完成团购带货任务是提高带货能力的好方法之一，带货能力只有在实际带货过程中才能得到锻炼，达人完成团购带货任务的过程就是锻炼带货能力的过程。

完成团购带货任务并不是简单地挑选商品、制作并发布视频就可以了，达人要在完成团购带货任务的过程中多尝试不同的方法，在视频发布后关注视频数据和订单量，总结不同方法的优缺点，摸索出适合自己的带货方法。除此之外，达人还可以多尝试选择不同品类或价位的商品，再根据完成的任务情况总结出相应商品最有效的带货方法，以此拓宽自己的带货范围。

12.2.4　查看榜单：学习带货方法

为了提升带货能力，达人可以找到自己的对标账号，学习和模仿对标账号的带货方法。达人可以在"团购带货"界面查看自己所在城市的团购达人榜，团购达人榜分别显示了"达人榜"和"飙升榜"两个榜单的前三名，如图 12-4 所示。

如果达人想查看完整榜单，可以点击相应榜单或"完整榜单"按钮，进入"团购达人榜"界面，如图 12-5 所示，每个榜单显示前 100 名的达人信息和达人自身的排名情况。达人还可以选择查看其他城市或全国的达人榜，如果想查看某一达人，只需要点击相应达人即可进入该达人的账号主页。

图 12-4　查看团购达人榜　　图 12-5　进入"团购达人榜"界面

　　如果达人想更快地找到对标账号，可以点击"团购达人榜"界面中的"查看全部优秀带货达人"按钮，进入相应界面，如图 12-6 所示，在这里显示了所在城市的所有优秀带货达人名单。达人可以点击"筛选"按钮，在弹出的"筛选"面板中根据性别、擅长拍摄的类型、粉丝量等条件对达人进行筛选，如图 12-7 所示，这个筛选功能除了适合达人寻找对标账号之外，还非常适合商家寻找达人进行合作。

图 12-6　查看全部优秀带货达人　　图 12-7　根据条件筛选达人

12.2.5 查看案例：总结带货技巧

如果达人不知道带货视频该怎么拍，可以查看优秀带货案例，学习其中的技巧并运用在自己的带货视频中。在"团购带货"界面中会显示近 7 日内所在城市带货销量前 10 名的视频，达人点击想查看的案例，即可自动进入视频播放界面，如图 12-8 所示。

图 12-8　查看优秀带货案例

12.3　拍摄＆剪辑：掌握实用技巧

团购带货是依靠达人发布的视频来引起用户的注意和购买欲的，所以拍摄和制作带货视频就成了团购带货的重要环节。如果达人不知道拍什么内容或不知道什么样的内容是合规内容，可以点击"团购带货"界面右上方的"帮助中心"按钮，进入"团购达人中心使用说明"界面，如图 12-9 所示。切换至"常见问题"选项卡，滑动页面至底部，即可查看平台关于团购带货的内容规范，如图 12-10 所示。

图 12-9　进入相应界面

图 12-10　查看团购带货的内容规范

如果达人想提高订单的完成量，获得更多的现金返佣奖励，就要在遵循内容规范的基础上掌握一些团购带货视频的拍摄技巧，提高视频的质量和吸引力。本节以拍摄餐饮行业的探店视频为例，根据拍摄顺序介绍相应的拍摄技巧。

12.3.1　店铺外景：了解周边环境

拍摄店铺外景包括店铺的周边环境和店铺的门面，这样拍摄一方面可以让探店视频的内容更完整，另一方面也可以让用户了解店铺的周边环境，增加信任度。

如图 12-11 所示，达人通过拍摄店铺的门牌和店铺外排队的人群，展示出店铺的人气之高，让用户产生从众心理，增加用户的期待感，从而提高用户下单的概率。

如图 12-12 所示，由于店铺的门面较小，达人对店铺外观的拍摄有利于用户更快地找到相应的门店，而店铺门口等待的人群也体现出了店铺的受欢迎程度。

图 12-11　展示店铺人气　　　　图 12-12　方便用户寻找店铺

12.3.2　店内环境：抓住店铺特点

拍摄完店铺外景，就可以进入店铺，拍摄店铺内的环境。拍摄店内环境有利于帮助用户了解店铺，增强用户的代入感。

达人在拍摄店内环境时要抓住并放大店铺的特点，加深店铺在用户脑海中的印象。图 12-13 所示是一家泰国餐厅的探店视频，达人通过拍摄店铺内外具有东南亚特色的装饰和物品，向用户展示了浓浓的泰国风情。

图 12-13　泰国餐厅的探店视频

12.3.3 食物烹制：刺激用户食欲

拍摄食物的制作过程，一方面可以让用户了解食物的制作环境；另一方面可以通过食物的变化激起用户的食欲，吸引用户下单。

在拍摄食物制作过程时，达人可以根据食物的类型和制作方法选择重点展示食物的变化或制作者的手法，突出食物制作过程中的亮点，如图 12-14 所示。展示食物的变化包括食物的颜色、大小、形态等方面，如拍摄油炸食品，可以重点拍摄食物在油锅中的起伏、炸制过程中食物的气泡和声音等。要展示制作者的手法，可以拍摄食物成形的过程，如拍摄拉花咖啡，可以重点拍摄咖啡师拉花的过程。

图 12-14　突出食物制作过程中的亮点

需要注意的是，有些店铺的食物的制作过程可以直接被看到，达人拍摄起来很方便；而有些店铺是在后厨进行制作的，这种情况下达人可以不拍摄食物的制作过程，直接拍摄食物的成品即可。

12.3.4 菜品全景：体现物超所值

菜品上完后，达人可以拍摄所有菜品的全景，并对菜品的价格和数量进行强调，给用户一种物超所值的感觉，激发用户的购买欲。

达人在拍摄前最好调整菜品的摆放位置，使拍摄出的画面更美观、整齐。如拍摄火锅套餐，可以将菜品围绕火锅进行摆放，这样既可以清楚地展示菜品的多少，也可以营造出吃火锅的热闹氛围，如图 12-15 所示。

图 12-15　拍摄火锅套餐

12.3.5　菜品细节：单独拍摄食物

对全部菜品进行拍摄后，接下来可以对每一道菜品进行单独拍摄，以增加食物的诱惑力。达人还可以在拍摄时配合一些动作，以便更好地进行展示。如图 12-16 所示，都是单独拍摄的菜品细节，左图采取静态特写的方式，右图则采取动态的拍摄方式，拍下了为牛排淋上酱汁的过程，两者都能起到引起用户食欲的作用。

图 12-16　单独拍摄菜品细节

12.3.6　品尝食物：进行客观评价

前面的拍摄都只是铺垫，食物的品尝过程才是探店视频的重点，达人要仔细拍摄品尝过程，并做出客观评价。图 12-17 所示为两种拍摄美食品尝体验的方式。达人在拍摄时可以选择真人出镜，也可以选择将镜头一直对准食物。

选择真人出镜的达人可以整个上半身出镜，也可以只有脸的下半部分出镜，只要能拍摄到食用过程就可以了，注意镜头和人的距离要适中，能看清达人的脸部表情即可。这种方式可以让用户更直接地看到达人的反应，更真实，也更具有说服力。不过真人出镜对达人的吃相有一定要求，要在保证不脏的同时做出恰当的反应。

如果达人不想出镜，也可以选择将镜头对准菜品或餐盘，在品尝菜品时先夹起一块凑近镜头进行展示，再进行品尝，最好只吃一半，再在镜头前展示咬开后的食物内部。这种方式可以更好地展示食物的整体样貌，让用户的注意力更集中在食物上。

图 12-17　两种拍摄美食品尝体验的方式

达人在品尝完每道菜品后要说出相应的评价，评价可以包括食物的口感、味道以及口味推荐等，如很辣的菜，达人可以推荐能吃辣的用户品尝，提醒不能吃辣的用户要注意。达人的评价一定要客观真实，否则一旦用户发现作假，就会引起用户的反感，对达人后续的带货也会产生不好的影响。

12.3.7　服务体验：作为亮点展示

店铺的服务是加分项，如果达人觉得店家的服务很贴心、很周到，可以拍摄一些服务的片段，作为店铺的亮点之一进行展示。不过达人在拍摄时要注意避开服务人员的脸，否则需要征得服务人员的同意后再进行整体拍摄。

12.3.8　剪辑技巧：制作完整视频

视频拍摄完成后，就要用剪辑软件将拍摄的视频片段进行整合和剪辑，制作完整的探店视频。达人在剪辑视频时要注意以下 5 个方面。

1. 视频时长

视频的时长不能过长，否则用户会没有兴趣看完；也不能过短，否则无法完全展示拍摄好的内容。达人可以选取各段素材的精彩片段，将总时长控制在 1～2 分钟，这样用户不会因为时长过长失去观看的兴趣，也不会因为视频过短难以抓住重点。

2. 视频调色

由于天气、店铺灯光等原因，拍摄出的视频画面可能不够好看，达人可以通过添加滤镜、添加和设置调节参数来改善画面色彩。需要注意的是，达人只能对画面色彩进行修正，使其更贴近食物颜色，而不能为了让画面更好看一味地添加滤镜和调节效果，使得视频无法反映出食物的真实状态，对于用户来说会有一种被欺骗的感觉，从而降低对达人账号的好感和信任度。

3. 添加解说和背景音乐

达人在拍摄视频时可能会将周围的杂音一起录制进去了，在剪辑视频时一定要记得将视频的原声关闭，否则会影响视频效果。此外，如果达人在拍摄的过程中对食物进行解说，解说效果可能不会很好，所以达人最好在剪辑时通过录音为视频添加解说。解说的内容包括店铺的地址和环境、食物的价格和数量以及对食物的评价等，解说要突出店铺和食物的特点，增加团购商品的吸引力。

除了为视频添加解说，还需要为视频添加背景音乐。背景音乐的音量不能过高，否则会盖过解说的声音，影响解说效果，也不能过低，否则无法起到烘托氛围的作用。达人可以根据店铺和视频内容挑选背景音乐，如店铺环境比较休闲轻松，视频内容也比较欢快，可以添加节奏感强的背景音乐。

如果想丰富视频内容，还可以在视频的合适位置添加音效，突出重点内容。不过音效不能添加太多，否则视频会显得很杂乱，影响用户的观感，音效的音量也不要太高，避免显得突兀。

4．添加字幕

字幕是达人向用户介绍店铺和食物的重要工具，在视频的合适位置添加字幕可以起到提醒和突出重点的作用。字幕不需要和解说完全一致，否则会因为字数过多让用户难以一眼发现重要信息，但是也不能和解说完全不一样，否则会对用户的观看体验造成不好的影响。

达人要将想传达的重点信息作为字幕在视频中进行展示，如店铺的详细地址和营业时间、套餐的价格和数量以及单个食物的名称和价格等。将字幕放在合适的位置才能更好地发挥其作用，如单个食物的名称和价格适合放在食物细节片段或食物的品尝过程，这样能让用户对菜品和价格更了然于心。

5．片头片尾

好的片头要起到引起用户观看兴趣的作用，达人可以将剪辑出一段时长为 10 秒左右的精彩片段作为片头，并配上相应的团购带货商品信息，让用户在被片头画面吸引的同时了解商品信息，如图 12-18 所示。

如果视频没有片尾，会有一种来不及结局的突兀感。为了让视频更完整，达人可以拍摄一些空镜头，配合字幕或贴纸制作成视频片尾。例如，达人可以拍摄和朋友碰杯的镜头，配上字幕暗示视频结束，如图 12-19 所示。

图 12-18　探店视频片头案例　　　　图 12-19　探店视频片尾案例